LUTHER-VERLAG

Marius Ebel

Mitleid? Nein danke!

Meine Geschichte: Ein Leben mit Freude trotz unheilbarer Krankheit

Luther-Verlag Bielefeld

Bibliographische Information der Deutschen Nationalbibliothek

Die Deutsche Nationalbibliothek verzeichnet diese Publikation in der Deutschen Nationalbibliographie; detaillierte bibliographische Daten sind im Internet über
http://dnb.d-nb.de abrufbar.

ISBN: 978-3-7858-0904-4

Umschlag: Jens Vogelsang, Vogelsang Design, Aachen
Satz: Luther-Verlag GmbH, Bielefeld
Titelfoto: © Katrin Menke
Druck: K-Print OU, Tallinn, Estland
Printed in Germany

INHALT

DANKSAGUNG

Ich möchte mich bei all jenen bedanken, die mich dabei unterstützt haben, diese Autobiographie zu schreiben und die mich dazu ermuntert haben, am Ball zu bleiben, wenn Zweifel in mir aufkamen. Ein besonderer Dank gilt dabei Anja Schulte, Roland Penz und Rüdiger Barth vom Kinder- und Jugendhospiz Balthasar, die mir dieses Projekt ans Herz gelegt haben, und ebenso Rebecca Kranz, die die Organisation übernommen und dafür gesorgt hat, dass aus dem Text ein richtiges Buch geworden ist.

Danksagen möchte ich auch allen Mitarbeiter:innen des Balthasars. Danke für eure Verbundenheit, eure Fürsorge und Gastfreundschaft. Ihr seid es, die das Balthasar für mich zu einem zweiten Zuhause haben werden lassen.

Ebenso bedanken möchte ich mich bei allen, die mich bei diesem Projekt in der ein oder anderen Form unterstützt haben. Ohne ihre Hilfe wäre dieses Buch nicht möglich gewesen.

Schließlich will ich an dieser Stelle auch meine Eltern erwähnen, deren Liebe ich mir ebenso sicher sein kann wie ihrer Unterstützung, wann immer ich sie brauche. Ihr wart und seid immer für mich da und ermutigt mich, meinen eigenen Weg zu gehen. Ihr habt mir gezeigt, dass das Leben trotz aller Herausforderungen lebenswert ist und dass es sich lohnt, für seine Träume zu kämpfen.

Grevenbroich, im August 2024 *Marius Ebel*

Christoph Maria Herbst

STATT EINES VORWORTES

Lieber Marius,

als ich in Deinem Alter war, hatte ich mir auch gerade einen Traum erfüllt: Ich war in meinem ersten Theaterengagement.
Der Weg dorthin war eher alptraumhaft. Ich hatte kaum Kohle für Fahrten und Bewerbungen. Ich hatte an allen Schauspielschulen Aufnahmeprüfungen abgelegt und alle versicherten mir, dass es mir an Talent fehlt. Ich hatte einen Minderwertigkeitskomplex, der für mehrere Leben gereicht hätte.
Aber ich wollte, nein, musste doch Schauspieler werden.
Zunächst parkte ich mich auf der Bank. Einer großen deutschen Bank, die mich ausbildete. Mein kreatives Potenzial konnte ich dort nicht gerade ausleben. Eher lernte ich dort, wie man einen Lederschlips bindet, man ab 15 Uhr nicht mehr ans Telefon geht und man Greisen Sparpläne über 20 Jahre aufdrückt. (Alles Dinge, die mir für bestimmte Rollen später wichtig sein sollten, das wusste ich damals aber noch nicht ...)
Allen Absagen und Unkenrufen zum Trotz hielt ich an meinen Versuchen fest, meinen Traum zu verwirklichen.
Ich ließ nicht locker und zog mich an meinem – damals noch vorhandenen – Haarschopf aus dem einen oder anderen Loch.
Mein Langmut, meine Beharrlichkeit und mein Selbstverwirklichungsdrang setzten sich am Ende durch, und mittlerweile bin ich dankbar für die gemachten Erfahrungen.

Auf gewisse Weise erinnerst Du, Marius, mich an mich. Nicht nur, dass Dein Name die männliche Variante meines zweiten Vornamens ist, strebst Du auch danach, Dich auszudrücken, kreativ zu sein, der Welt etwas zu schenken. Und dieses Geschenk, das gleichsam Dein Vermächtnis ist, halten wir nun in den Händen.
Danke dafür. Danke, dass Du uns an Dir teilhaben lässt. Danke, dass Du diesen Kraftakt vollzogen hast.
Ein schlauer Mensch hat mal gesagt: Es ist schön, wenn man tun kann, was man will. Es ist schöner, wenn man tun will, was man kann.
Du kannst. Und wie!
Schenk uns weitere Bücher. Ich weiß schon jemanden, der gerne wieder ein Vorwort schreiben wird, das keins ist …

Dein *Christoph Maria Herbst*

ÜBER MICH

Name	Marius
Alter	29 Jahre, geboren am 4. Mai 1995
Persönlichkeit	Humorvoll, freundlich, kreativ
Hobbys	Musik, 3D-Modellierung
Letzte Schule	Anna-Freud-Schule, Köln
Ausbildung	Technischer Produktdesigner 3D
Job	CAD-Fachkraft
Lieblingsessen	Sushi
Lieblingsgetränk	Fassbrause
Lieblingsfarbe	Schwarz
Lieblingsort	Zuhause, Balthasar
Lieblingsstadt	Hamburg, New York
Lieblingssendung	Family Guy
Letzte Notlüge	Mir geht's gut!
Unverzichtbar	3D-Software, Musik
Mich ärgert	Diskriminierung, Ungerechtigkeit
Einen Tag tauschen würde ich am liebsten mit	meiner Katze
Zuletzt gegoogelt habe ich nach	James Dean
Ich vermisse manchmal	nochmal Kind zu sein
Der Filmtitel für mein Leben lautet	Shit happens!
Auf die einsame Insel würde ich mitnehmen	CD-Player und CDs
Ich kann nicht/kein	Multitasking
Weltenbummler oder Stubenhocker?	Weltenbummler, möchte mal nach Japan und nach London
Wald- oder Stadtkind?	Stadtkind
Leseratte oder PC-Junkie?	PC-Junkie
Pommes oder Pizza?	Pizza
Kaffee oder Tee?	Tee
Frühaufsteher oder Nachteule?	Frühaufsteher
Einzelgänger oder Rudeltier?	Einzelgänger
Sommer oder Winter?	Sommer
Weiß oder Schwarz?	Schwarz
Hamburg oder Berlin?	Hamburg
Fußball oder Hockey?	Rollstuhl-Hockey

We Are

WARUM ES DIESES BUCH GIBT

„Wie kommst Du damit klar?", fragte mich die Frau ganz direkt. Wir hatten bereits eine Zeitlang über dies und das geplaudert. Gemeinsam mit der pädagogischen Leiterin der Einrichtung saßen wir im Leseraum des Kinder- und Jugendhospizes Olpe und ich überlegte, wie ich ihre Frage beantworten wollte. Es ging um die Krankheit, an der ich leide: eine fortschreitende Form von Muskelschwund. Die Antwort, die ich ihr dann gab, klingt vielleicht banal: „Man wächst einfach hinein." Aber genau so ist es.

Das war 2020 während eines Aufenthalts im Balthasar. Ich war gerade angekommen. Meine Eltern hatten die Koffer ausgeräumt, meine Klamotten in den Schränken verstaut, Laptop und Playstation angeschlossen und sich nach der üblichen Abschiedszeremonie auf den Heimweg gemacht. Anja Schulte, die damalige pädagogische Leiterin, kam in mein Zimmer und fragte mich, ob ich Zeit und Lust auf ein Gespräch hätte. Die Mutter eines sechsjährigen Jungen, der ebenfalls mit Duchenne Muskeldystrophie auf die Welt gekommen war, wollte die Gelegenheit nutzen und sich mit jemandem austauschen, der an der gleichen Krankheit litt wie ihr Sohn. Jemand, der sozusagen aus erster Hand berichten und ihr Tipps geben konnte.

Natürlich hatte ich Zeit. Und Lust. So trafen wir uns noch am gleichen Nachmittag. Die Frau war ziemlich taff; sie erinnerte mich an meine Mutter. In ihrem Sohn, der mir zuvor schon im Aufenthaltsbereich aufgefallen war, sah ich mich selbst vor über 20 Jahren. Ich beantwortete ihre Fragen, so gut ich konnte, beispielsweise welche medizinischen Eingriffe ich hinter mir habe, warum ich mich für die eine oder andere Operation entschieden habe, welche Hilfsmittel ich in der Vergangenheit in Anspruch genommen habe und welche ich zurzeit nutze, aber auch wie meine Erfahrungen mit den Krankenkassen sind und welche Therapien ich mache.

Die Zeit flog nur so dahin. Obwohl das Gespräch über zwei Stunden dauerte, kam es mir vor wie zehn Minuten. Ich hoffe sehr, dass ich der Frau habe helfen können, indem ich ihr von meinem Leben mit der Krankheit erzählte und von meinen Erfahrungen, in der Kindheit, der Jugend, bis zum heutigen Tag. Vielleicht konnte ich ihr auch vor Augen führen, dass man als Mittzwanziger mit Duchenne durchaus zuversichtlich und lebensbejahend sein kann und nicht zurückgezogen und in sich gekehrt sein muss – was wohl viele denken – und dass die Krankheit das Leben der Betroffenen und ihrer Familien zwar in vielen Bereichen beherrscht, aber eben nicht komplett. Für mich war das Gespräch mit dieser Mutter eine Bereicherung. Hört sich jetzt etwas pathetisch an, aber ich spürte das Geschenk des ehrlichen Interesses, des aufmerksamen Zuhörens und des Dankes. Das inspirierte mich.

Als die Einrichtungsleitung des Balthasars einige Wochen später auf mich zukam und mich fragte, ob ich mir vorstellen könne, ein Buch über mich und meine Krankheit zu schreiben, musste ich nur kurz überlegen. Früher hätte ich mir ein solches Projekt nicht zugetraut. Jetzt aber gehe ich dieses Wagnis ein, auch wenn es mich einiges an Überwindung kostet, immerhin gebe ich viel von mir Preis. Aber alles der Reihe nach …

DIE ERSTEN JAHRE

Ich, Wunschkind

Eigentlich lief alles bestens …

Was ist deine früheste Kindheitserinnerung? Und wie alt warst du da? Man sagt, dass die Grenze für früheste Erinnerungen zwischen drei und vier Jahren liegt. Um euch also über meine ersten Lebensjahre berichten zu können, musste ich meine Eltern, Elke und Peter, interviewen. Wir drei haben ein sehr gutes und inniges Verhältnis zueinander. Und meine Fragen über diese Phase meines Lebens haben sie gerne und ausführlich beantwortet. Apropos: falls ihr euch fragt – ich bin Marius, 29 Jahre alt.
Offenbar war ich ein lang ersehntes Wunschkind. Meine Eltern hatten sich jedenfalls riesig gefreut, als feststand, dass meine Mutter mit mir schwanger war. So wie sich alle Eltern freuen, die sich ein Kind wünschen. Die ersten drei Monate einer Schwangerschaft sind ja die kritischsten. Wie man nachlesen kann, übernimmt die Plazenta etwa ab der 12. Schwangerschaftswoche die vollständige Versorgung des Fötus. Danach sinkt das Risiko einer Fehlgeburt drastisch. Dementsprechend vorsichtig war meine Mutter während dieser Zeit und gab besonders gut auf uns beide acht. Wir kamen gut durch diese Phase und auch die übrigen 26 Wochen der Schwangerschaft.

Auf die Welt kam ich schließlich im Mai 1995 im Kreißsaal des Elisabeth-Krankenhauses in Grevenbroich. Auf den Tag genau, so wie es die Geburtsberechnung vorausgesagt hatte. Ich kam mit dem Kopf voran und mein jetziges, dunkelblondes Haar war bei der Geburt und auch einige Wochen danach noch schwarz. Getauft wurde ich auf den Namen Marius. Im Wettstreit der Vornamen hatten die Konkurrenten Oskar und Luis das Nachsehen. Zum Glück. Denn ist es nicht so, hat man erst einmal einen Vornamen, kann man sich einen anderen irgendwie nicht mehr vorstellen?
Apropos Namen: Den Namen Grevenbroich habt ihr vermutlich schon einmal gehört. Grevenbroich ist diese kleine Stadt, gelegen auf der linken Rheinseite im Dreieck Köln-Düsseldorf-Mönchengladbach, die bei Umweltschützern wegen der Braunkohleförderung im riesigen Tagebau Garzweiler zu zweifelhaftem Ruhm gekommen ist. 2030 soll damit Schluss sein. Grevenbroich wurde aber auch durch die von Hape Kerkeling verkörperte Kunstfigur Horst Schlämmer, seines Zeichens nuschelnder Chefredakteur des fiktiven Grevenbroicher Tagblattes, deutschlandweit bekannt.

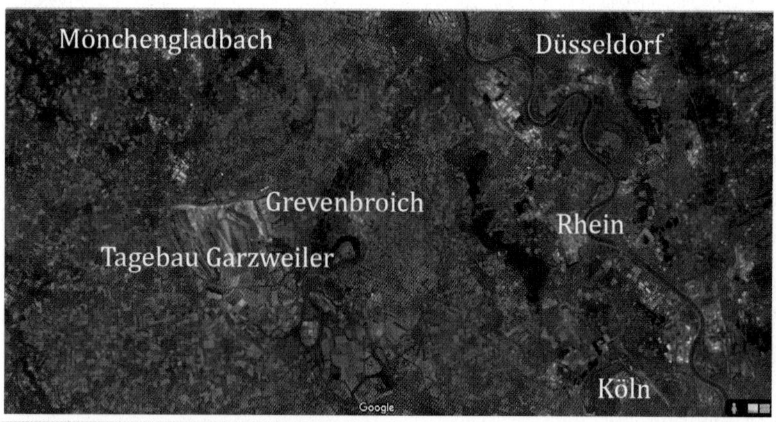

Grevenbroich hat etwa 67.000 Einwohner und liegt im Braunkohlerevier westlich von Köln. Die ockerfarbenen Flecken auf der Karte sind Tagebaue, riesige, bis zu 210 m tiefe Löcher, in denen gigantische Schaufelradbagger Braunkohle fördern.
Quelle: Google Earth.

In diesem Städtchen also, genauer gesagt in seinem südlichsten Stadtteil Neurath, lebe ich seit meiner Geburt gemeinsam mit meinen Eltern, Kater Smokie sowie dem langhaarigen holländischen Hütehund Gonzalo. Ich war das erste Kind meiner Eltern und sollte auch das einzige bleiben. Nach Neurath kamen meine Eltern im November 1990, etwa fünf Jahre vor meiner Geburt. Beide sind gebürtige Grevenbroicher. Sie lebten bereits seit drei Jahren zusammen und hatten sich wegen einer aus ihrer Sicht unverschämten Mieterhöhung auf die Suche nach einem eigenen Haus gemacht. In Neurath wurden sie schließlich fündig.
Das Haus, in dem ich die ersten acht Jahre meines Lebens verbracht habe, ist eine zweieinhalbgeschossige Doppelhaushälfte aus den 50er Jahren. Keine Schönheit, aber einigermaßen gut in Schuss. Zum Zeitpunkt meiner Geburt gehörten auch die Bernhardiner-Dame Bianca und die beiden Kater Max und Felix mit zur Fami-

Der Schapendoes-Rüde Rudi hat mich viele Jahre begleitet. Aufgenommen wurde das Foto an einem Strand in der niederländischen Provinz Zeeland. Ein Leben ohne Haustiere ist für mich unvorstellbar.

lie. Bianca litt leider an einem bösartigen Knochentumor am vorderen Lauf, der sich nicht operieren ließ. Mit vier Jahren haben meine Eltern sie auf Anraten des Tierarztes einschläfern lassen. Eine Erinnerung an sie habe ich nicht. Allerdings gibt es ein Foto, das sie neben meinem Kinderwagen sitzend zeigt. Mit den beiden Katern habe ich noch einige Jahre zusammen verbracht. Hunde und Katzen gehören von Anfang an zu meinem Leben. Sie haben mir immer viel Freude bereitet und mich oft zum Lachen gebracht. Ich bin fest davon überzeugt, dass Haustiere das Leben ihrer Besitzer positiv beeinflussen.

Zurück zum Haus. Wenn meine Eltern gewusst hätten, dass ihr Kind früher oder später auf einen Rollstuhl angewiesen wäre, hätten sie sich nicht für dieses Haus entschieden. Sie haben es aber weder gewusst noch haben sie es geahnt. Wie auch? Nichts deutete in den ersten zwei Jahren meines Lebens darauf hin. In Sachen Barrierefreiheit war das Haus eine Katastrophe. Mein Kinderzimmer, das mein Vater während der Schwangerschaft hergerichtet hatte und das von meinen Eltern liebevoll eingerichtet worden war, lag direkt unter dem Dach, zwei ziemlich steile Treppen vom Erdgeschoss entfernt. Ich kann mich noch daran erinnern, dass ich mich diese Treppen mühsam hinaufgeschleppt habe, beide Hände das Geländer fest umklammernd. Meine Schritte beim Treppensteigen waren dabei nicht alternierend. Das bedeutet, dass ich den ersten Fuß auf eine Stufe gesetzt habe und anschließend den zweiten Fuß auf dieselbe und nicht etwa auf die nächsthöhere Stufe. Ein typisches Anzeichen für eine Muskelschwäche.

Der Zugang zum Haus stellte ebenfalls eine Hürde dar, denn selbst das Erdgeschoss befand sich nicht auf Straßenniveau. Wie bei vielen Häusern, die in den 50er und 60er Jahren gebaut worden waren, musste man erst ein paar Stufen erklimmen, bevor man vor der Haustür stand. Und auch in den Garten kam man nur über eine Treppe. Von der reinen Quadratmeterzahl her bot das Haus locker Platz für bis zu vier Personen. Aber die Wohnfläche verteilte sich auf drei Etagen. Rollstuhl, Treppenlift, Aufzug? Undenkbar.

Die ersten zwei Jahre meines Lebens waren unspektakulär. Ich lernte nach und nach alle Familienmitglieder kennen, wurde auf Familienfeiern herumgereicht, aß und trank gut und wuchs zu einem Wonneproppen heran, der sich in nichts von anderen zweijährigen Wonneproppen unterschied. Zumindest nicht auf den ersten Blick.

Da stimmt was nicht

Rückblickend betrachtet, so meine Mutter, gab es sehr wohl Anzeichen. Allerdings subtile, die man als Argloser nicht unbedingt zu deuten vermochte. Ich krabbelte beispielsweise nicht, so wie es viele (wenn auch nicht alle) Kleinkinder tun, bevor sie laufen lernen. Und ich war seit meinem ersten Lebensjahr heiser. In einer Situation fiel meiner Mutter auch auf, dass es mich Kraft kostete, wenn ich auf dem Bauch lag und den Kopf anheben wollte. Aber da ich schließlich mit 16 Monaten das Laufen erlernte, lösten sich diese ersten Bedenken, dass mit mir körperlich vielleicht etwas nicht stimmte, erstmal in Luft auf.

Meine Mutter hatte mich ein halbes Jahr nach meiner Geburt bereits in einem Kindergarten angemeldet, den ich mit dreieinhalb Jahren dann auch besuchte. Ein Jahr zuvor bin ich bereits regelmäßig in eine Spielgruppe gegangen (in der ich meinen ältesten Freund Marvin kennengelernt habe, zu dem ich heute noch Kontakt halte, auch wenn er zwischenzeitlich nach Berlin gezogen ist).

Gegen Ende meiner Zeit in dieser Spielgruppe fiel einer der beiden Pädagoginnen auf, dass ich offensichtlich Plattfüße und einen Watschelgang hatte. Beides sind Anzeichen für Duchenne Muskeldystrophie. Diese Art zu gehen entsteht aufgrund der Schwäche der Hüft- und Gesäßmuskulatur. Um die Schwäche in der Hüfte auszugleichen und eine möglichst stabile Körperhaltung einzunehmen, machen Duchenne-Jungen ein Hohlkreuz und wölben den Bauch nach vorne. Wenn man in dieser Haltung barfuß geht, Plattfüße hat, weil das Fußgewölbe nicht richtig ausgebildet ist, und man den Fuß auch nicht abrollen kann, dann hat dieser Gang etwas von Watscheln. Duchenne Muskeldystrophie erkläre ich euch auf Seite 126 noch genauer.

„Ach was! Das kommt noch!" – Denkste!

Auch wenn man diese Fehlhaltung anfangs vielleicht noch mit einem „Ach was! Nicht alle Kinder sind gleich flink und beweglich. Das kommt schon noch!" abtut, so schaut man nach einem solchen Fingerzeig vielleicht doch etwas genauer hin. Während man anfangs noch darüber hinwegsah, so waren die eigentümliche Körperhaltung mit vorgewölbtem Bauch und der tapsige Gang spätestens von da an unübersehbar geworden. Aber sie waren längst noch nicht beunruhigend. Wofür gibt es schließlich Physiotherapeut:innen? Man riet uns denn auch, eine solche aufzusuchen, um den Plattfuß und die vermeintlich daraus resultierende Fehlhaltung (wie meine Eltern fälschlicherweise glaubten) frühzeitig zu behandeln.

Gowers-Manöver und die Schwierigkeit aufzustehen

Alles gut? Leider nicht. Denn es wurde immer offensichtlicher, dass ich meinen Altersgenossen körperlich immer mehr hinterherhinkte. Vom Boden aufzustehen, fiel mir besonders schwer. Ich musste mich immer erst hinknien und mich dann mit dem Arm am Oberschenkel hochdrücken, um in den aufrechten Stand zu kommen. Diese Art sich aufzurichten, wird als Gowers-Manöver bezeichnet. Es ist typisch für Duchenne Muskeldystrophie.

Ich kann nicht so schnell

Eine Situation hat sich bei meiner Mutter besonders eingeprägt. Wir hatten mit der Spielgruppe eine Waldwanderung unternommen und die Kinder trafen nach und nach am vereinbarten Ort ein, um von ihren Eltern in Empfang genommen zu werden. Die letzten, die dort viele Minuten nach den anderen ankamen, waren meine Spielgefährtin Janine und ich, gefolgt von einer erwachsenen Begleiterin. Ich konnte einfach nicht so schnell. Gehen kostete mich Kraft und ich stolperte auch immer häufiger, weil ich meine Füße beim Gehen nicht mehr ausreichend anheben konnte.

Als Gowers-Manöver bezeichnet man die typische Art, wie sich Patienten mit einer Rumpfmuskelschwäche aus der Bauchlage in den Stand aufrichten.
Zeichnung: Thomas Ebel

Als sich meine Eltern auf Anraten der Pädagogin dieser Spielgruppe dazu entschlossen hatten, mit mir einen Physiotherapeuten aufzusuchen, war es aus ihrer Sicht eigentlich nur eine Frage der Zeit, bis meine Beeinträchtigungen auskuriert wären und ich zu meinen Altersgenossen körperlich wieder aufschließen würde.

Physiotherapie half auch nicht

Nach einer Reihe von Physiotherapie-Sitzungen stellte sich der erhoffte Erfolg jedoch nicht ein. Die erste Praxis behandelte nach dem Ansatz von Bobath. Diese Methode wird bei Erwachsenen und Kindern mit neurologischen Erkrankungen angewendet, zum Beispiel bei Menschen, die nach einem Schlaganfall halbseitig gelähmt sind. Das Konzept beruht auf der Annahme, dass sich das Gehirn umorganisieren lässt, dass gesunde Hirnregionen Aufgaben neu lernen und übernehmen können, die zuvor von erkrankten Hirnregionen ausgeführt worden waren. Duchenne ist jedoch keine neurologische Erkrankung, von daher änderte die Behandlung natürlich auch nichts an meinem Zustand.

Man riet meinen Eltern, es mit einem anderen physiotherapeutischen Ansatz zu versuchen. Bei der Vojta-Therapie sollen Bewegungsstörungen durch eine Stimulation, nämlich das Auslösen von Reflexen, also auf einen bestimmten Reiz hin stets gleich ablaufende Reaktionen, die nicht bewusst gesteuert werden können, behoben werden. Für Vojta gilt das gleiche wie für Bobath: Duchenne ist eine muskuläre Erkrankung, die körperlichen Beeinträchtigungen sind Folge eines Absterbens von Muskelzellen – Reflextherapien beheben solche muskulären Defekte nicht.

Die dritte Physiotherapeutin (diese Praxis betreut mich übrigens bis heute) riet uns schließlich, mein Problem besser einmal medizinisch begutachten zu lassen. Der Kinderarzt, der mich von Geburt an behandelte und meine Eltern beraten hatte, war zwischenzeitlich in den Ruhestand gegangen. So vereinbarten sie einen Termin bei einem Kinderarzt, der seine Praxis in Grevenbroich gerade neu eröffnet hatte. Ihm erzählten sie also im Dezember 1998 meine Geschichte und dass keine der Physiotherapien auch nur eine leichte Besserung bewirkt hatte.

Das Ende der unbeschwerten Jahre

Der Arzt entnahm mir eine Blutprobe und ließ sie im Labor untersuchen. Wir hatten vor, das Weihnachtsfest und den Jahreswechsel gemeinsam mit meinen Großeltern im Erzgebirge zu verbringen. Meine Eltern erwähnten dies dem Arzt gegenüber wohl mehr oder weniger beiläufig. Denn obwohl das Ergebnis der Blutuntersuchung bereits vor unserer Abreise feststand, teilte man es meinen Eltern sozusagen aus Rücksicht auf ein paar unbeschwerte Feiertage erst nach unserer Rückkehr am 11. Januar 1999 mit. Der Creatinkinase Wert (CK) in meinem Blut war deutlich erhöht. Das Enzym Creatinkinase ist für den Energiestoffwechsel der Muskelzellen wichtig. Sind die Zellen geschädigt, etwa durch einen Herzinfarkt, Sturz oder wie in meinem Fall durch das Fehlen des Proteins Dystrophin (daher auch der Name Muskeldystrophie), findet sich vermehrt Creatinkinase im Blut. Der Normalwert liegt bei einem Gesunden in meinem Alter bei weniger als 150 Einheiten pro Liter Plasma. Bei mir waren es 7.000.
Die unbeschwerten Jahre waren damit vorbei.

Was die Diagnose Duchenne Muskeldystrophie bedeutete, war mir natürlich nicht klar. Aber von dem Moment der Diagnose an änderte sich mein Leben und das meiner Eltern schlagartig und dauerhaft. Ihnen wurde der Boden unter den Füßen weggezogen. Unser altes Leben, das noch wenige Wochen zuvor unbekümmert und glücklich war, rückte mit einem Schlag unwiederbringlich in weite Ferne und wurde zu etwas langsam Verblassendem, an das sie sehnsüchtig zurückdachten. Es sollten zwei Jahre vergehen, bis der

Horror zumindest teilweise verarbeitet worden war und das Glück nach und nach in unsere Familie zurückkehrte.

Was tun? Aktion Benni & Co.

Was tun Eltern, die soeben erfahren haben, dass ihr nicht einmal vier Jahre alter Sohn an einer fortschreitenden und tödlich verlaufenden Muskelkrankheit litt? Meine beschäftigten sich von dem Moment an intensiver mit dieser Krankheit. Beim Stöbern im Internet (Google war damals übrigens gerade mal ein Jahr alt) stießen sie auf die im Westerwald beheimatete Elterninitiative Aktion Benni & Co. Diese war 1996, also ein Jahr nach meiner Geburt, von den Eltern des ebenfalls an Duchenne Muskeldystrophie erkrankten Benni gegründet worden. Ziel der Initiative war es, Geld zu sammeln, um damit die Forschung in Bezug auf eine Heilung der Duchenne Muskeldystrophie zu intensivieren. Aktion Benni & Co. ist mittlerweile in dem eingetragenen Verein Duchenne Deutschland e.V. aufgegangen.

Duchenne Deutschland e. V. und Deutsche Duchenne Stiftung

Duchenne Deutschland e. V. ist eine Initiative von Eltern, deren Kinder Duchenne Muskeldystrophie (DMD) haben. Mit seiner Arbeit, die größtenteils von ehrenamtlichen Helfern geleistet wird, unterstützt der Selbsthilfeverein Betroffene und ihre Familien durch Beratung und Information in allen Lebensphasen.

Zweck des Vereins ist auch die Förderung von Wissenschaft und Forschung. Mit Spendengeldern unterstützt er – in Absprache mit einem wissenschaftlichen Beirat – die DMD-Forschung sowie Studien und fördert die Kommunikation und die Zusammenarbeit der weltweit mit DMD befassten Wissenschaftler. Der Verein informiert Patienten und ihre Familien über aktuelle und geplante Forschungsprojekte und richtet Veranstaltungen wie das jährliche Duchenne-Symposium oder regelmäßige Web-Konferenzen aus.

Die **Deutsche Duchenne Stiftung** (www.duchenne-deutschland.de) wurde 2010 als selbstständige Stiftung gegründet, um die Arbeit für die Duchenne-Gemeinschaft dauerhaft zu sichern, die Forschung zur Entwicklung von Therapien zu forcieren und die Lebenssituation der Betroffenen zu verbessern. Aufklärung der Öffentlichkeit sowie die Umsetzung sozialer und psychologischer Projekte für DMD-Familien sind weitere Bestandteile der Stiftungsarbeit.

Deutsche Duchenne Stiftung – Duchenne Deutschland e. V.
Huestraße 20, 44787 Bochum
Telefon: +49 234 925 696 70
Fax: +49 234 925 696 72
E-Mail: info@duchenne-deutschland.de
Webseite: www.duchenne-deutschland.de

Spendenkonten
Duchenne Deutschland e. V.
Sparkasse Bochum
IBAN: DE67 4305 0001 0000 4277 24
BIC: WELADED1BOC
Deutsche Duchenne Stiftung
Volksbank Ruhr Mitte
IBAN: DE44 4226 0001 0603 1297 00

Auch wenn Duchenne Muskeldystrophie die häufigste muskuläre Erbkrankheit im Kindesalter ist und statistisch etwa jeder 3.500ste Junge an ihr erkrankt, ist ihre Häufigkeit dennoch verschwindend gering im Vergleich zu Erkrankungen des Herz-Kreislauf-Systems, Krebs oder Diabetes. Alleine im Jahr 2020 gab es über eine halbe Million neudiagnostizierte Krebserkrankungen. Für Pharmaunternehmen ist der Markt der Volkskrankheiten deutlich lukrativer als der eher übersichtliche Markt der neuromuskulären Erkrankungen wie Duchenne. Mit der kostspieligen Entwicklung von Medikamenten und Therapien lässt sich in diesem Segment schlicht kein Geld verdienen, und als Folge davon kommt auch die Forschung zu kurz. Und wenn an Duchenne Muskeldystrophie nicht geforscht wird, dann wird es weder mittelfristig noch langfristig Hoffnung auf Heilung geben. Das möchten in Deutschland Vereine wie seinerzeit Aktion Benni & Co., heute Duchenne Deutschland e. V., oder in den USA Parent Project DMD ändern: Sie machen die Öffentlichkeit auf die Krankheit aufmerksam und sammeln Spendengelder zur Unterstützung der Forschung mit Blick auf eine Heilung der Erkrankung.

Meine Eltern traten also dem Verein Aktion Benni & Co. bei. Sie machten in und um Grevenbroich auf die Krankheit Duchenne Muskeldystrophie aufmerksam und sammelten fleißig Spendengelder. Damit begann eine Zeit mit vielen Benefizveranstaltungen,

Unsere Geschichte wurde um die Jahrtausendwende in zahlreichen Zeitschriften veröffentlicht und machte das Thema Duchenne lokal und regional einer größeren Öffentlichkeit bekannt. Viele Menschen spendeten Geld.

Fototerminen und Scheckübergaben. Wir tauchten in etlichen Zeitungsartikeln auf und machten mit unserer Geschichte das Thema Duchenne Muskeldystrophie einer größeren Öffentlichkeit bekannt.
Dies hatte dann auch den gewünschten Schneeballeffekt zur Folge: Denn nicht nur unsere Familien waren eifrig dabei, Spendengelder zu sammeln, auch Freunde und Bekannte legten sich mächtig ins Zeug, um unser Anliegen publik zu machen. Sie sprachen ihre Freunde, Bekannten und auch Firmen an und sorgten schließlich dafür, dass innerhalb von zwei Jahren mehr als 100.000 DM aus unserem Postleitzahlbezirk auf das Spendenkonto von Aktion Benni & Co. eingezahlt wurden!
Meine Eltern erzählten mir, dass ihnen die vielen Aktivitäten rund um Aktion Benni & Co. zwar nicht dabei halfen, die Realität um sie herum komplett auszublenden und den Horror ganz zu vergessen, man sah mir die Krankheit ja an, für deren Bekämpfung sie Spendengelder sammelten. Aber es lenkte sie zumindest ab. Sie hatten eine Aufgabe, auf die sie ihre Gedanken fokussieren konnten. Und mit jeder gespendeten (damals noch) DM, so hofften sie, würde auch die Heilung ihres Sohnes ein Stück näher rücken. Die beiden engagierten sich etwa zwei Jahre für Aktion Benni & Co. und beschlossen dann, sich wieder mehr auf die Familie, auf uns drei zu konzentrieren. Dafür gab es einen guten Grund: Wir planten den Bau eines behindertengerechten Hauses.

Wir bauen ein Haus

Rückblickend war 2001 ein wirklich besonderes Jahr, weil in jenen 12 Monaten so viel passiert ist. Zum einen war im Spätsommer die Zeit des sorglosen Spielens, Bastelns und Singens im Kindergarten „Villa Kunterbunt“ vorbei. Ich war im Mai sechs geworden und kam in die Schule, so wie viele andere Sechsjährige auch. Ich kann mich nicht mehr daran erinnern, ob ich mich auf die Schule gefreut habe oder aber der Kindergartenzeit hinterhertrauerte. Wahrscheinlich tat ich beides. Von meiner Schulzeit werde ich später noch berichten. Zunächst möchte ich euch von dem bis dahin größten Projekt meiner Eltern erzählen, dem Bau eines behindertengerechten Hauses.

Ich kann mir vorstellen, dass es eine ganz besondere Herausforderung ist, ein Haus zu planen und zu bauen. Man bindet sich nicht nur für viele Jahre an eine Bank, sondern man entscheidet auch, wo man in Zukunft leben möchte und wo sich das Leben der Familie abspielen wird. Meine Eltern entschieden sich, in Neurath zu bauen.

Die Doppelhaushälfte in Neurath, die die beiden 1990 gekauft hatten und in der sie insgesamt 13 Jahre lang lebten, war acht Jahre lang mein Zuhause. Das Haus war Mitte der 50er Jahre gebaut worden und architektonisch nicht unbedingt ein Schmuckstück. Aber das können die wenigsten Häuser aus dieser Zeit von sich behaupten. Es verfügte über einen hübschen, kleinen Garten, in dem ein alter Kirschbaum stand. An dessen dickem Ast hing eine Schaukel, die mein Vater aus einem abgefahrenen Autoreifen und einem Seil gebaut hatte. Am Ende des Gartens befand sich ein ziemlich großes Gartenhaus, das sowohl auf unserem als auch auf dem Grundstück unserer Nachbarn stand, und das meine Eltern gemeinsam mit den Nachbarn schon vor meiner Geburt gebaut hatten. Unser Haus lag ziemlich zentral, etwas abseits der Dorfmitte Neuraths, nicht weit entfernt vom Kindergarten und direkt gegenüber der Grundschule.

Unser erstes Zuhause: das Gegenteil von barrierefrei

So sehr wir drei unser Zuhause auch liebten, hatte es doch einen gravierenden Nachteil: Es war das genaue Gegenteil eines behindertengerechten und barrierefreien Hauses. In der Zeit, als es gebaut wurde, war der Begriff „Barrierefreiheit“ noch nicht im Duden

aufgeführt, und ob man mit dem Rollstuhl in ein öffentliches oder privates Gebäude kam, interessierte vor 70 Jahren niemanden. Zum Teil auch heute noch nicht.
Natürlich hatte ich als kleiner Junge überhaupt keine Ahnung, was Barrierefreiheit bedeutete und ebenso wenig wusste ich, dass die beengten Verhältnisse in unserem Haus für eine:n Rollstuhlfahrer:in ein echtes Problem darstellten. Ich war klein, hatte ganz andere Dinge im Kopf und konnte ja schließlich noch laufen. Allerdings ahnte ich damals schon, dass mit dem Haus irgendetwas nicht stimmte. Ich konnte zwar trotz der allmählich schwindenden Muskulatur in meinen Beinen noch im Erdgeschoss umherlaufen (und fiel dabei das eine oder andere Mal auch hin), ich schaffte es jedoch nicht, aus eigener Kraft in mein Kinderzimmer im zweiten Stock zu gelangen. Zwar kämpfte ich mich in ganz jungen Jahren noch alleine die Stufen hoch, später jedoch war es ganz selbstverständlich, dass meine Eltern mich die beiden steilen Treppen in mein Zimmer hochtrugen. Heruntersteigen konnte ich die Treppen anfangs noch alleine. Allerdings auch das nie, ohne dass meine Eltern danebenstanden, um mich auffangen zu können, falls ich stolperte. Damit musste man bei mir immer rechnen.

Meine Angst vor Rollstühlen

Mit der Diagnose Duchenne Muskeldystrophie stand unweigerlich fest, dass ich früher oder später einen Elektro-Rollstuhl brauchen würde, um mich eigenständig fortbewegen zu können. Ein Thema, das meine Eltern anfangs komplett ausgeblendet hatten. Mich im Rollstuhl sitzen zu sehen, war etwas, mit dem sie sich in den ersten beiden Jahren nach der Diagnose nicht befassen wollten oder konnten. Der Rollstuhl war nicht nur ein Hilfsmittel zur Fortbewegung und zum Erhalt der Selbstständigkeit. Er war auch ein Symbol. Ein Symbol dafür, dass mit dem Verlust meiner Gehfähigkeit für alle sichtbar das nächste Stadium der Krankheit begonnen hatte. Mit dem Rollstuhl würde eine neue Phase in meinem Leben anbrechen, die ich von da an im Sitzen und auf Rädern meistern musste, ob ich wollte oder nicht. Das zu akzeptieren, fiel anfangs nicht nur meinen Eltern schwer, sondern mir auch. Denn ich hatte Angst vor Rollstühlen.

Klingt komisch, aber war tatsächlich so. Es gibt eine Situation, die mir heute fast wie eine sich selbst erfüllende Prophezeiung vorkommt (ich bin allerdings nicht abergläubisch). Meine Eltern waren immer schon bekennende Camper. Eigentlich sind sie es immer noch, aber leider machen die Umstände das Zelten so gut wie unmöglich, der logistische Aufwand ist einfach riesig. Früher, als ich noch gehen konnte, aber auch noch, als ich schon im E-Fix saß, haben wir viele unserer Urlaube und verlängerten Wochenenden an der holländischen Küste auf einem Campingplatz in der Nähe vor Domburg verbracht. Dazu auf Seite 74 mehr.

Es war vielleicht im Sommer 1999 oder 2000, als ich auf diesem Campingplatz zum ersten Mal einen Jungen in einem Elektro-Rollstuhl sah. Der Rollstuhl erschien mir riesig und er machte mir Angst. Anders als ich und alle anderen Menschen, die ich kannte, ging der Junge nicht auf zwei Beinen, sondern er fuhr mit diesem Ding umher, das zu allem Schrecken dieses seltsam summende Geräusch von sich gab. Ich konnte kaum hinschauen und ging dem Jungen falls möglich aus dem Weg. Dass ich keine zwei Jahre später selbst auf einen Rollstuhl angewiesen sein würde (zumindest zeitweise), ahnte ich natürlich nicht. Es würde zur Ironie des Schicksals passen, wäre der Junge so wie ich an Duchenne Muskeldystrophie erkrankt und ich hätte sozusagen einen Blick in meine eigene Zukunft erhascht. So viel zur Angst vor Rollstühlen. Klar, die Angst war spätestens verschwunden, als ich selbst in einem saß.

Treppen und Rollstuhl? Unmöglich!

Doch zurück zum Haus. Auch wenn meine Eltern das Thema Rollstuhl emotional auf Distanz hielten, so war ihnen doch schon mit der Diagnose klar, dass das Haus ein Problem darstellte, mit dem man sich früher oder später befassen musste. Spätestens dann, wenn sich abzeichnete, dass ich einen Rollstuhl bräuchte.
Doch welche Optionen gab es? Die auf den ersten Blick naheliegendste war ein Umbau des Hauses. Doch das war nicht so einfach, um nicht zu sagen unmöglich. Das Erdgeschoss hatte eine Fläche von etwa 50 Quadratmetern und bot Platz für ein Wohnzimmer, ein Gäste-WC und die Küche. Es lag gut einen Meter über Straßenniveau und war nur über eine Außentreppe erreichbar. Diesen Niveauunterschied hätte man mit einer langen Rampe überwinden können. Doch mit welchem Ergebnis? Ich wäre mit dem Rolli zwar ins Haus gekommen, aber spätestens dort wäre mit der Barrierefreiheit Schluss gewesen.
Wie gesagt, es war alles ziemlich beengt und wichtige Räume wie Bad und Kinderzimmer lagen im ersten bzw. zweiten Obergeschoss. Wie sollte ich im Rollstuhl dorthin kommen? Dafür hätte man einen Außenaufzug benötigt. Auch den hatten meine Eltern in Erwägung gezogen. Allerdings gab es keine geeignete Wand, an die man den Aufzug von außen hätte montieren und wo man die Fassade hätte durchbrechen können, um ins Hausinnere zu gelangen. Selbst wenn, so wäre ein Aufzug bautechnisch nur bis ins erste Obergeschoss möglich gewesen. Bis unter das Dach, wo mein Kinderzimmer lag, hätte man ihn nicht bauen können. Es wurde meinen Eltern recht schnell klar, dass Aufwand und Nutzen eines solchen Vorhabens in keinem vernünftigen Verhältnis standen. Ein Außenaufzug hätte sehr aufwändige und teure Umbaumaßnahmen im Hausinneren erforderlich gemacht und wäre doch immer ein fauler Kompromiss geblieben, über den man sich später ärgern würde.

Entscheidung Neubau

Am Ende entschieden sie sich dazu, neu zu bauen. Und zwar in Neurath. Für meine Eltern war es damals wichtig, dass wir dort blieben. Eine Entscheidung, die sie heute zwar nicht unbedingt bereuen, die sie aber unter Umständen nicht mehr so treffen würden. Einer der wichtigsten Gründe, nicht aus Neurath wegzuziehen, war das soziale Umfeld, in dem ich groß geworden war. Ich besuchte den dortigen Kindergarten und lernte in den drei Jahren viele Kinder kennen, mit denen ich auch nachmittags oft spielte. Außerdem wechselte ich ja auf die Grundschule in Neurath, wo ich viele meiner Spielgefährt:innen aus der Kindergartenzeit wieder treffen würde.

Im Kreise all der Kinder, die mich und meine Krankheit schon aus der Kindergartenzeit kannten, wäre ich gut aufgehoben, so dachten meine Eltern damals, als diese wichtige Entscheidung anstand. Der Tatsache, dass sich die Wege nach der Grundschulzeit in der Regel trennen, hatten sie dabei weniger Beachtung geschenkt. Ehemalige Spielgefährt:innen oder Klassenkamerad:innen laufen mir in Neurath jedenfalls so gut wie nie über den Weg. Vielleicht wäre ein Umzug zum Beispiel nach Köln besser gewesen, weil in einer großen Stadt einfach mehr los ist und man dort fast alles mit öffentlichen Verkehrsmitteln erreichen kann. Für einen Umzug nach Köln hätten meine Eltern auch auf ihr soziales Netz, auf die Nähe zu ihren Familien und zu ihrem Freundeskreis verzichten müssen, bei denen wir uns geborgen fühlen und die uns in vielerlei Hinsicht unterstützt haben. Außerdem wäre jeder Besuch bei meinen Großeltern in Grevenbroich zu einem Tagesausflug geworden.

Neurath ist ein kleines Dorf, das von den meisten Grevenbroichern wegen seiner Lage in unmittelbarer Nähe der Braunkohlekraftwerke eher abschätzig betrachtet wird. Und von der Stadtverwaltung erhält es leider auch nicht die (finanzielle) Zuwendung, die es eigentlich bräuchte. Aber die Menschen, die hier leben, sind toll. Jedenfalls die, die ich im Laufe der Jahre kennengelernt habe.

Ich war ungefähr sieben Jahre alt und saß schon zeitweise im Rollstuhl, als ich darauf angesprochen wurde, ob ich nicht Lust hätte, Mitglied in der Artillerie Neurath zu werden. Die Artillerie ist ein Schützenzug, bei dem nicht nur Erwachsene mitmachten. Sie hatte auch eine Kinderabteilung, die Jung-Artillerie, in die einige meiner Schulkameraden eingetreten waren. Wir fuhren regelmäßig ins Kino, machten viele Ausflüge und traf uns oft zum Grillen. Während der Schützenfestumzüge saßen die Erwachsenen auf einer großen und die Kinder auf einer kleinen Kanone, die von Traktoren durchs Dorf gezogen wurden. Das war für mich natürlich praktisch, denn ich musste nicht wie die anderen Schützen zu Fuß marschieren.

Ich auf der Kanone der Artillerie Neurath sitzend. In späteren Jahren wurde ich sicherheitshalber mit einem Gurt an der Sitzbank befestigt. Im Hintergrund sieht man übrigens den Traktor, mit dem die Kanone der Erwachsenen gezogen wird.

Anfangs bin ich noch selbst auf die Kanone geklettert, später dann, als meine Kräfte mich mehr und mehr verließen, wurde ich von einem der Erwachsenen auf die Kanone gehoben. Die Umzüge haben viel Spaß gemacht und ich habe mich immer darauf gefreut! Leider war eine Fahrt auf der Kanone nach meiner Wirbelsäulen-Operation, von der ich euch auf Seite 142 berichten werde, nicht mehr möglich. Die Kanone war nicht gefedert und jede Unebenheit im Boden hätte meine Wirbelsäule erschüttert und die an den Wirbelkörpern befestigten Stangen lösen können. Mitgefahren bin ich aber trotzdem, und zwar uniformiert in meinem Rollstuhl direkt neben der Kanone! Noch heute bin ich passives Mitglied in der Artillerie und werde von den Jungs jedes Jahr besucht. Zum Auftakt des Schützenfestes kommen sie mit der Kanone bei mir vorbei und wir böllern das Fest mit ein paar lauten Schüssen ein.

Wenn wir drei heute darüber reden und uns fragen, ob wir nicht besser fortgezogen wären, dann sind wir immer noch hin und hergerissen zwischen dem Leben, das wir heute führen, und dem Leben, das wir zum Beispiel in Köln hätten führen können. Ironischerweise bin ich nach der Grundschule auf die Anna-Freud-Schule in Köln gewechselt (www.anna-freud-schule.de). Mein Schulweg wäre deutlich kürzer gewesen, hätte ich damals in Köln statt in Neurath gewohnt. So aber hat mich jeden Morgen ein Fahrdienst zuhause abgeholt, nach Köln-Müngersdorf gebracht und nachmittags dort wieder abgeholt. Trotzdem: Mir persönlich tut die Entscheidung jedenfalls nicht leid. Ich fühle mich auf dem Land wohl. Außerdem sind Köln und Düsseldorf ja nicht weit. Und wenn die S-Bahn-Linie 6 Grevenbroich-Köln kommt (hoffentlich bald und hoffentlich mit barrierefreiem Zugang zum Gleis und in den Zug), dann sind wir in gerade mal 30 Minuten in der Domstadt.

Auf Grundstücksuche

Kurz noch ein paar Worte zu dem Dorf, in dem ich lebe: Neurath liegt am südlichsten Rand des Rhein-Erft-Kreises, gut 10 km vom Zentrum des Städtchens Grevenbroich entfernt. Der Ort ist seit vielen Jahrzehnten vom Braunkohletagebau und den großen Braun-

kohlekraftwerken geprägt. Aus deren riesigen Kühltürmen kondensieren kilometerhohe Wasserdampf-Schwaden, die man noch aus 50 km Entfernung sehen kann. Die unmittelbare Nähe zu diesen Kraftwerken macht Neurath nicht gerade zu einem attraktiven Ortsteil. Das Gegenteil ist der Fall. Wenn man nicht aus dieser Ecke stammt und in unmittelbarer Nähe der gewaltigen Industriekomplexe groß geworden ist, dann stößt einen die Kraftwerkskulisse ab. In Neurath schießen deshalb auch keine neuen Baugebiete aus dem Boden wie in anderen Ortsteilen, und frei bebaubare Grundstücke in guter Lage sind äußerst rar. Wenn man dann auch noch plant, einen ebenerdigen Bungalow zu bauen, dann stellt der Mangel an Grundstücken mit geeigneter Größe ein echtes Problem dar. Vor genau diesem standen meine Eltern 2001.
In Neurath gab es schlicht kein Grundstück, auf das man einen Bungalow hätte bauen können. Zumindest keines, das erschlossen war. Aber wie der Zufall es will, öffnete sich genau zu diesem Zeitpunkt ein Türchen. Von einer Bekannten, die gehört hatte, dass wir bauen wollten, erfuhr meine Mutter von einer völlig verwilderten Brachfläche am Ortsrand von Neurath. Sie lag abgelegen und versteckt hinter den letzten Häusern des Dorfes und war schätzungsweise 5.000 Quadratmeter groß. Wenn überhaupt, dann kannten vielleicht ein paar Hundebesitzer, die mit ihren Vierbeinern in dieser Gegend spazieren gingen, diese Parzelle, die komplett verwuchert war und sich in Besitz des RWE befand. Meine Eltern, die zu diesem Zeitpunkt schon über 10 Jahre in Neurath lebten, kannten sie jedenfalls nicht.

Der Zufall klopft an

Die Bekannte erzählte meiner Mutter, ihr sei zu Ohren gekommen, dass RWE plante, diese Fläche in ein paar Jahren in Bauland umwandeln zu lassen. Noch am gleichen Tag stand mein Vater auf der Parzelle und machte sich vor Ort ein Bild. Das Grundstück war ein

Traum. Es lag geschützt hinter einem ehemaligen Bahndamm direkt an einem Waldstück (Neurath hat mehr grüne Ecken als man denkt) und hatte etwas Dornröschenhaftes an sich, weil es von Sträuchern und Büschen restlos zugewachsen war. Man brauchte nicht viel Phantasie, um sich vorzustellen, dass dies ein optimales Gelände für eine kleine Siedlung mit vielleicht 10 Häusern wäre.
Das war im Frühjahr 2001, und die Aussicht auf ein Baugrundstück war eine Gelegenheit, die man beim Schopf packen musste. Wenn RWE ohnehin vorhatte, in ein paar Jahren und in Abstimmung mit der Stadt Grevenbroich aus der Brachfläche Bauland zu machen, dann ließe sich diese Entscheidung unter Umständen beschleunigen? Das konnte man nur herausfinden, indem man RWE und die Stadt Grevenbroich anschrieb und die Situation schilderte. Eigentlich mussten nur zwei Fragen beantwortet werden: Würde RWE die Parzelle eventuell vor dem bislang geplanten Zeitpunkt verkaufen und falls ja, würde die Stadt Grevenbroich dann einer Erschließung des Geländes zustimmen und sie gegebenenfalls sogar beschleunigen? Vielleicht wäre es ja sogar möglich, dass wir bereits im kommenden Jahr mit dem Neubau beginnen könnten. Es war möglich.
Die Nachricht erreichte uns im Sommer 2001, nur wenige Monate nach der ersten Kontaktaufnahme. Wir verbrachten gerade unseren Urlaub in Südspanien. Es war der letzte Urlaub in „Freiheit“, ab August ging ich ja zur Schule. Der Urlaub bleibt meinen Eltern in zweifacher Hinsicht in Erinnerung. Ich wäre nämlich beinahe im Außenpool unseres Hotels in Andalusien ertrunken. Ich sprang in einem unbeobachteten Moment ins Wasser, ohne zu wissen, dass ich nicht schwimmen konnte. Meine Mutter döste vor sich hin, hörte jedoch zum Glück das Platschen, als ich im Wasser landete. Nach einigen Sekunden fiel ihr dann auf, dass es still war und sie mich nicht mehr reden hörte. Da lief sie in Panik zum Beckenrand und sah mich dort senkrecht treibend, den Kopf unter Wasser. Sie packte mich an einem Arm und zog mich heraus. Adrenalin pur. Wie ihr seht, habe ich es überlebt. Glück gehabt!

An einem Tag während dieses Urlaubs rief uns meine Tante an. Sie hatte während unserer Abwesenheit unseren Briefkasten geleert und dabei einen Brief vom RWE entdeckt. Wir baten sie, uns den Inhalt vorzulesen. RWE teilte uns darin freudig mit, dass man die Parzelle schnellstmöglich veräußern würde und bereits Kontakt zur Stadt Grevenbroich aufgenommen habe. Vom Bauamt hatten wir vorab schon die Zusage erhalten, dass man sich für eine zügige Erschließung der Fläche einsetzen werde, sobald RWE diese verkaufen würde. Der Bebauungsplan müsse hierfür allerdings zunächst angepasst und dann veröffentlicht werden, was noch ein paar Monate dauern könne und tatsächlich auch ein halbes Jahr in Anspruch nahm.
Noch am Tag des Anrufs begannen die Planungen. Meine Mutter hatte in der Nacht vor lauter Aufregung kein Auge zugemacht und damit begonnen, einen ersten Grundriss zu zeichnen. Von diesem ist, wie zu erwarten, am Ende kaum etwas übriggeblieben. Allerdings wurde das Wohnkonzept so umgesetzt, wie meine Eltern es sich vorgestellt hatten. Mittelpunkt unseres häuslichen Lebens ist eine 40 Quadratmeter große Küche. Hier spielt sich fast alles ab.

Als wir zurück in Deutschland waren, begannen die konkreten Planungen. Zuallererst brauchten wir einen Architekten, der das Wohnkonzept, das meinen Eltern vorschwebte, umsetzen konnte. Zum Glück mussten wir diesen nicht lange suchen. Volker war ein Klassenkamerad meines Vaters und hatte sich als Architekt einen Namen gemacht. Aufträge für 08/15-Entwürfe (Haustür, Flur, links Gäste-WC und Treppenaufgang Obergeschoss, rechts Küche, hinten Wohnzimmer und Garten) lehnte er ab, wenn er konnte. Das Projekt „Barrierefreier Bungalow“ reizte ihn hingegen umso mehr, außerdem war er ein alter Freund der Familie und wollte uns helfen. Beim Preis kam er uns auch entgegen.

Mein Vater und ich in der Baugrube.

Der Bagger kommt

Die Bauarbeiten begannen im Juni 2002. Ich war natürlich live dabei, als der Bagger seine Schaufel zum ersten Mal in den Boden stieß und begann, den Keller unseres Hauses auszuheben. Meine Eltern und ich sind RWE und der Stadt Grevenbroich noch heute dankbar dafür, dass sie das Gelände unkompliziert und schnell in Bauland umgewandelt, die Erschließung und Parzellierung vorangetrieben und die Grundstücke schließlich uns und acht weiteren Interessenten zum Kauf angeboten haben. Wir würden heute nicht in Neurath leben und unser Leben wäre ganz anders verlaufen.

Der Bau zog sich über ein Jahr hin, und größere Probleme gab es zum Glück keine. Im August 2003 zogen wir ein. Bis auf die Treppe in den Keller hat das Haus keine Stufen. Der Zugang von der Straße ist ebenerdig ebenso wie alle Ausgänge in den Garten. Beim Ausheben der Baugrube hatte man diese Anforderung bereits berücksichtigt und das Loch entsprechend tief gegraben. Jeder Raum ist für mich erreichbar. Selbst die Räume im Keller. Das Haus verfügt nämlich über einen Aufzug. Mein Zimmer und das sich daran anschließende Bad liegen im Erdgeschoss und sind beide genauso geräumig wie die Küche. Neben einem Heizungs- und Vorratsraum befinden sich im Keller ein Büro, das ich mir mit meinem Vater teile, das Gym meines Vaters sowie mein Zockerzimmer mit den diversen Spielekonsolen, die sich im Laufe der Jahre angesammelt haben. Hierhin ziehen wir uns zurück, wenn meine Freunde Marco und Marvin zu Gast sind, und machen dabei auch schon mal die Nacht durch (einmal sogar zwei Nächte hintereinander). Unser Haus steht für Freunde immer offen. Sie sind hier jederzeit willkommen.

SCHULE, AUSBILDUNG UND JOB

Meine Grundschulzeit

Meine Kindergartenzeit endete mit einer schönen Abschiedsfeier irgendwann im Juni 2001. Kinder, Eltern und Betreuer:innen trafen sich noch ein letztes Mal, tauschten bei Kaffee und Kuchen Erinnerungen und Anekdoten aus und wünschten sich alles Gute für die Zukunft. Manch eine:r verdrückte dabei die eine oder andere Träne, und dann war einfach Schluss. Die Kindergartenzeit war Vergangenheit, und ich würde die Räume, in denen ich fast drei Jahre mit anderen gespielt hatte, nie wieder betreten. Allerdings dauerte die Trennung von meinen ehemaligen Spielkamerad:innen nicht besonders lange. Viele von ihnen sah ich bereits wenige Wochen später wieder, in der Klasse 1 der Grundschule Neurath.

Kindergarten oder Schule

Es stand nicht von Anfang an fest, dass ich im September 2001 die Grundschule besuchen würde. Ich war zwar im Mai sechs geworden und hatte damit das offizielle Einschulungsalter erreicht, meine Eltern hatten es jedoch nicht unbedingt eilig, mich aus dem Kindergarten zu nehmen. Offenbar war ich für mein Alter noch etwas

zu verspielt, daher dachten sie darüber nach, mich ein Jahr länger in der behüteten Umgebung des Kindergartens zu lassen.
Schließlich ließen wir doch meine Schulfähigkeit feststellen. Meine Eltern organisierten zu diesem Zweck einen Termin an der Universität Düsseldorf. Dort sollte von einem Spezialisten mithilfe eines kognitiven Tests geklärt werden, ob meine Entwicklung altersgerecht war und, falls dies der Fall wäre, einem Schulbesuch nichts im Wege stand. Bei einer kognitiven Beurteilung werden gewöhnlich Aspekte wie die Sprachentwicklung, Hör- und Sehfähigkeit, Konzentration und Wahrnehmung sowie die allgemeine altersgerechte Entwicklung berücksichtigt. Es gibt jedoch keine standardisierten Kriterien, denn jedes Kind ist einzigartig und eine dezente Schwäche in dem einen oder anderen Punkt heißt noch nicht, dass ein Kind nicht eingeschult werden kann. Mir wurde jedenfalls die Schulreife attestiert und so betrat ich an einem Montag Anfang September 2001, zusammen mit 20 weiteren Schüler:innen, den Klassenraum der Klasse 1 der Grundschule Neurath.
Rückblickend bin ich froh, dass es genau so kam und ich nicht noch ein weiteres Jahr den Kindergarten besucht habe. Hierfür gibt es mehrere Gründe. Zum einen war die Leiterin des Kindergartens, zugleich Betreuerin meiner Gruppe, an einen anderen Kindergarten gewechselt. Zu ihr hatte ich ein besonders inniges Verhältnis, und ohne sie wäre es nicht mehr das gleiche gewesen. Außerdem waren viele der Spielkamerad:innen meiner Gruppe ja nicht mehr da, von ihnen hatte ich mich auf der Abschlussfeier im Juni bereits verabschiedet. Es erleichterte mir den Schulstart schon sehr, dass ich mit vielen der Kinder, mit denen ich wenige Wochen zuvor noch im Kindergarten gespielt hatte, am Ende dann doch gemeinsam die erste Klasse besuchte. Ich fühlte mich nicht so allein in dieser neuen Umgebung, sondern hatte vertraute Gesichter um mich. Ich denke, dieses Gefühl kennt jeder.

Aber der eigentliche Grund, weshalb ich heute heilfroh darüber bin, meine Kindergartenzeit nicht in die Länge gezogen zu haben, ist ein anderer: Es wäre alles ganz anders gekommen! Jeder weiß ja aus eigener Erfahrung, dass wichtige Entscheidungen, die man in der Vergangenheit getroffen hat, den weiteren Lauf des Lebens oft maßgeblich beeinflussen. Also in meinem Fall kann ich das nur bestätigen. Meine schulische und berufliche Entwicklung wäre sehr wahrscheinlich eine komplett andere gewesen. Rückblickend betrachtet hat sich irgendwie alles wie von Zauberhand ineinandergefügt, beginnend mit meinem ersten Tag in der Grundschule, über die Zeit an der weiterführenden Schule, meine Ausbildung zum 3D-Produktdesigner bis hin zu meinem jetzigen Job. Ich bin mir ziemlich sicher, dass ich jetzt nicht hier sitzen und diese Zeilen schreiben würde, hätte sich mein Schulstart um ein Jahr verzögert. Alle Gelegenheiten, bei denen man die Weichen des Lebens stellen kann, bieten sich einem nur einmal. Mein „anderes" Leben wäre nicht zwangsläufig schlechter gewesen, aber definitiv anders.
Mit sechs Jahren war ich übrigens noch nicht auf einen Rollstuhl angewiesen. Ich habe ja schon erwähnt, dass das Haus, in dem wir seinerzeit wohnten, gleich gegenüber der Grundschule lag. Ich musste nur die Hauptstraße mit dem Zebrastreifen überqueren und befand mich nach weiteren 20 Metern schon auf dem Schulhof. Das war praktisch. Ich hatte mehr Zeit zum Rumtrödeln, was ich zum Ärger meiner Mutter das eine oder andere Mal auf die Spitze trieb. Einmal hatte ich den Bogen überspannt. Trotz mehrfacher Ermahnung ließ ich mir wieder mal Zeit. Bis ich dann die Pausenglocke hörte und mir schlagartig klar wurde, dass ich es nicht mehr rechtzeitig in den Klassenraum schaffen würde. Rennen konnte ich ja damals schon nicht. Als ich den Klassenraum betrat, war der Unterricht schon im Gange, und ich musste mir irgendeine Entschuldigung einfallen lassen. Ob sie glaubhaft war, daran kann ich mich nicht erinnern, wahrscheinlich war sie es nicht. Ich kam jedenfalls nie mehr zu spät.

Im ersten Schuljahr konnte ich noch gehen. Hier seht ihr mich rechts unten mit einigen meiner damaligen Klassenkamerad:innen beim Schmücken des Dorf-Weihnachtsbaumes.

Die Schule zieht um

Ich habe keine echte Erinnerung mehr an das erste Schuljahr und weiß nur, dass es eigentlich gar nicht so schlimm war. Im zweiten Schuljahr stand uns allerdings eine große Änderung bevor. Das Gebäude der Grundschule Neurath hatte man bereits 1913 errichtet. Nicht nur die Bausubstanz war schlecht, auch die Elektrik und die sanitären Anlagen waren in die Jahre gekommen und nicht mehr zeitgemäß. Eine Sanierung des Gebäudes hatte sich wegen des miserablen Zustandes nicht mehr gelohnt, weshalb man beschloss, in das Gebäude der ehemaligen Hauptschule Neurath einzuziehen, die wiederum in das Nachbardorf verlegt wurde.

Für die Schulleitung war die Aussicht, in ein moderneres und größeres Gebäude umziehen zu können, natürlich ein Glücksfall. Den meisten Schüler:innen und deren Eltern wird es wahrscheinlich egal gewesen sein. Für mich wurde der nun 500 Meter lange Schulweg allerdings zum Problem, denn die Kraft in meinen Muskeln ließ nach. Zu Fuß schaffte ich diese Strecke nicht mehr. Es wurde Zeit für meinen ersten Rollstuhl. Dabei handelte es sich um einen manuellen, der mit einem als e-fix bezeichneten elektrischen Zusatzantrieb versehen war (die Motoren saßen auf den Naben der Räder) und der per Joystick gesteuert werden konnte. Mit diesem Rollstuhl legte ich nun die Strecke von unserem Haus zur Schule zurück, fast immer begleitet von meinen Klassenkamerad:innen, die mich morgens zuhause abholten.

Die neue Grundschule – barrierefrei mit Einschränkung

Mit dem Neubau unseres Hauses hatten wir zu diesem Zeitpunkt bereits begonnen, und das Problem „Barrierefreiheit" würde sich in unserem künftigen Zuhause nicht mehr stellen. Für die neue Schule, die in den 1960er Jahren gebaut worden war, galt dies jedoch nicht. Die Klassenräume befanden sich sowohl im Erdgeschoss als auch im ersten Obergeschoss, das nur über eine Treppe erreichbar war. Unsere Klasse war aus diesem Grund auch im Erdgeschoss untergebracht. Allerdings wurde das Fach Religion für zwei Klassen übergreifend unterrichtet, und weil sich deswegen die Anzahl der Schüler:innen verdoppelt hatte, musste ein größerer Raum her. Einen solchen gab es nur im ersten Stock. Also musste meine Mutter vor dem Unterricht zur Schule kommen, mich hochtragen, auf einem Stuhl „parken", dann den Rollstuhl hochschleppen, mich umsetzen und 45 Minuten später das gleiche in umgekehrter Reihenfolge erneut tun.

Wenn ich an meine Grundschulzeit zurückdenke, dann kommt es mir so vor, als sei meine Mutter fast täglich vor Ort gewesen, weil es irgendwie immer etwas zu erledigen gab. Mal war sie da, um mich für den Religionsunterricht im ersten Stock die Treppe hoch- und danach wieder runterzutragen, oder auch um andere Hilfestellungen zu leisten. Mal kam sie vorbei, um mir Sachen zu bringen, die ich zuhause vergessen hatte, mal, um mich zum Sportunterricht zu bringen und umzuziehen oder mit den Lehrer:innen Dinge zu besprechen, die aufgrund meiner Krankheit etwas mehr Vorlauf in der Planung benötigten, beispielsweise Klassenausflüge.

Auf Klassenfahrt

Im dritten Schuljahr ging die Klassenfahrt in den Brückenkopf-Park in Jülich, eine Festungsanlage aus napoleonischer Zeit, etwa eine halbe Stunde Autofahrt von Grevenbroich entfernt. Dummerweise war der Bus, der unsere Klasse dorthin brachte und später wieder abholte, kein sogenannter Niederflurbus. Wie der Name vermuten lässt, handelt es sich bei Niederflurbussen um Fahrzeuge, die an den Eingängen keine Stufen zwischen der Straße und dem Boden der Fahrgastkabine haben, in die man also mit dem Rollstuhl rein- und rausfahren kann. Heutzutage ist dieser Typ von Bus Standard im öffentlichen Nahverkehr. Bei dem Bus, der für die Klassenfahrt eingesetzt wurde, gab es jedoch Treppen zum Ein- und Aussteigen und der Gang zwischen den Sitzreihen war so eng, dass dort kein Rollstuhl dazwischen passte. Also blieb meiner Mutter nichts anderes übrig, als mich mit unserem VW-Bus in den Park zu fahren, wenn ich nicht zuhause bleiben sollte.

Im vierten und letzten Grundschuljahr ging die alljährliche Klassenfahrt dann mit dem Bus in die Eifel, in eine Jugendherberge, also mit Übernachtung. Damit war ich dann aus mehreren Gründen raus. Den Transport hätte meine Mutter noch übernehmen können, auch wenn Hellenthal mit einer Entfernung von 100 km nicht gerade ein Katzensprung ist. Doch das eigentliche Problem war das Gebäude an sich. So schön und gepflegt das historische Fachwerkgebäude auch war, so wenig behindertengerecht war es leider auch. Der Eingang der Jugendherberge lag gut 2 Meter über Straßenniveau und war nur über eine Treppe erreichbar. Natürlich gab es auch keine Aufzüge. Offensichtlich verfügt sie heute über eine barrierefreie Etage für Rollstuhlfahrer:innen sowie behindertenfreundliche Zimmer (und hoffentlich auch WCs und Bäder). Wie man das Problem der Außentreppe für Rollstuhlfahrer:innen gelöst hat, konnte ich auf der Webseite nicht herausfinden. Selbst wenn die baulichen Bedingungen damals optimal gewesen wären, hätte auf jeden Fall eine Begleitung mitfahren müssen, um bei allem zu helfen, zu dem ich aufgrund meiner Muskelschwäche körperlich nicht mehr in der Lage war. Also ist meine Mutter am zweiten Tag mit mir nach Hellenthal gefahren, wo ich mit meinen Klassenkamerad:innen das Wildfreigehege besucht habe. Abends ging es dann für uns beide wieder nach Hause, während die anderen zurück zur Jugendherberge wanderten und einen weiteren Tag in Hellenthal blieben.

Ab etwa dem zweiten Schuljahr benötigte ich dann einen Rollstuhl. Hier seht ihr mich in einem e-fix sitzend während einer Klassenfahrt im Wildfreigehege Hellenthal in der Eifel.

Bundesjugendspiele

Dass ich aufgrund meiner Erkrankung als Schüler keine Sportskanone war und auch niemals eine werden würde, das war klar. Ich hätte mich deshalb auch ohne Weiteres vor den jährlich stattfindenden Bundesjugendspielen drücken können. Aber solange ich noch laufen konnte, wollte ich mich von der Krankheit auch nicht unterkriegen lassen. Also habe ich an dem Schülerwettbewerb teilgenommen, allerdings außerhalb der Wertung, denn an Punkte war bei meinen Leistungen beim Laufen, Weitsprung und Ballwurf nicht zu denken. Aber das war mir egal. Ich wollte auch eine Urkunde haben, so wie die anderen!

Die drei Disziplinen waren echte Herausforderungen. Mir fehlte die Kraft zum Laufen, wie sollte ich da springen? (Ich kann mich übrigens nicht daran erinnern, überhaupt jemals gesprungen zu sein.) Mit der Kraft, die ich in meinen Armen hatte, war ich gerade noch so in der Lage, den Ball ein paar wenige Meter weit zu schleudern. Von einem Wurf konnte man da nicht sprechen. Richtig schwer fiel mir jedoch das Laufen. Immerhin musste ich 50 Meter zurücklegen. Die Zeit, die ich dafür brauchte, spielte keine Rolle, viel wichtiger war, die gesamte Distanz durchzuhalten und nicht nach 20 Metern erschöpft aufzugeben. Zum Glück hatte ich Unterstützung: Meine Mutter lief neben der Bahn mit und feuerte mich an, so dass ich tatsächlich die Ziellinie erreichte. Natürlich war ich stolz, als ich die Urkunde entgegennehmen durfte. Es hat zwar nicht für eine Sieger- geschweige denn Ehrenurkunde, sondern nur für eine Teilnahmeurkunde gereicht, aber diese habe ich mir hart erarbeitet.

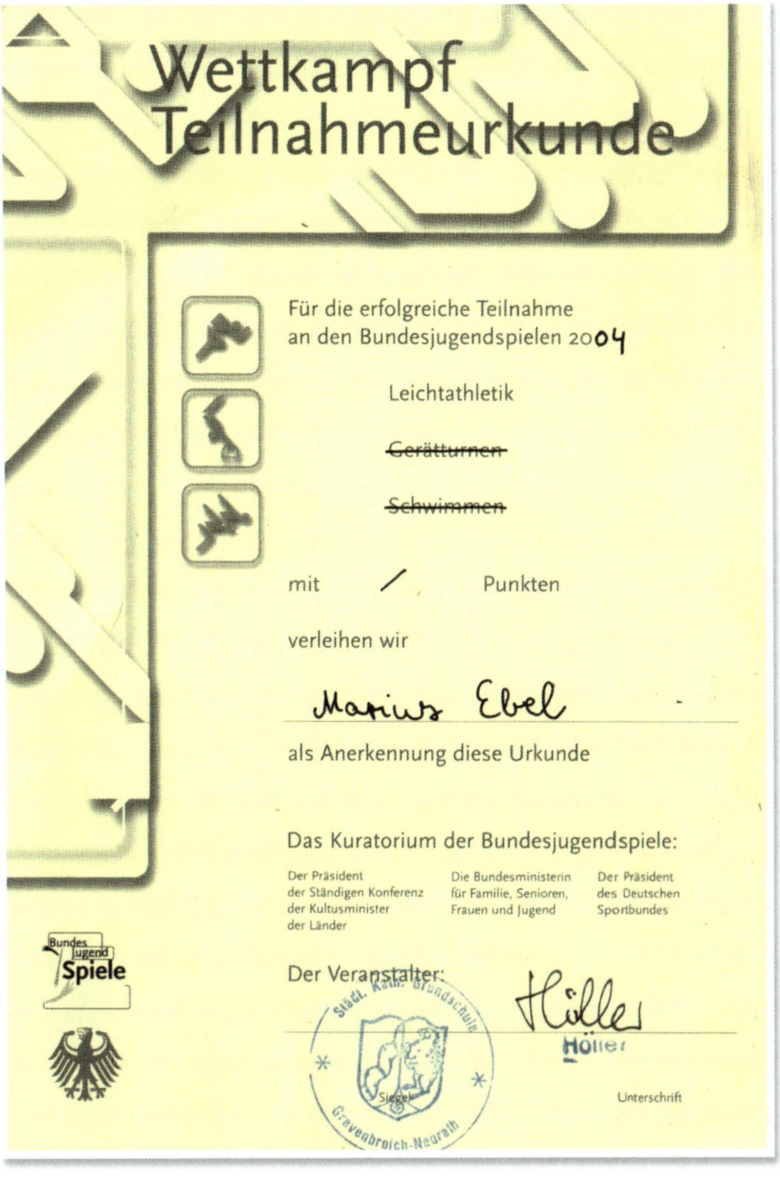

Wettkampf
Teilnahmeurkunde

Für die erfolgreiche Teilnahme
an den Bundesjugendspielen 2004

Leichtathletik

~~Gerätturnen~~

~~Schwimmen~~

mit / Punkten

verleihen wir

Marius Ebel

als Anerkennung diese Urkunde

Das Kuratorium der Bundesjugendspiele:

Der Präsident der Ständigen Konferenz der Kultusminister der Länder

Die Bundesministerin für Familie, Senioren, Frauen und Jugend

Der Präsident des Deutschen Sportbundes

Bundes Jugend Spiele

Der Veranstalter:

Städt. Kath. Grundschule Grevenbroich-Neurath

Siegel

Höller

Unterschrift

Auch wenn es bei den Bundesjugendspielen nur für eine Teilnahmeurkunde gereicht hat, so war ich damals trotzdem stolz, diese entgegenzunehmen. Ich habe mich genauso abgerackert wie meine Mitschüler:innen. Ich hätte mich vor dem Schülerwettbewerb auch drücken können, aber kneifen gilt nicht.

Die Anna-Freud-Schule in Köln

Im Verlauf des vierten Schuljahrs bahnte sich ein Drama an, über das ich heute lächeln kann, das mir und meinen Eltern damals jedoch die Laune wochenlang verdorben hat. Es ging um das Thema „Empfehlung für die weiterführende Schule". Wie ich euch in einem separaten Kapitel auf Seite 135 noch erzählen werde, sind meine Eltern und ich nach der Diagnose Duchenne Muskeldystrophie regelmäßig zu Kontrolluntersuchungen in die Kinderklinik des Universitätsklinikums Düsseldorf gefahren. Meine behandelnde Ärztin dort war Dr. Jutta Gärtner. Sie ist 2002 an das Universitätsklinikum Göttingen gewechselt, wo sie mittlerweile eine Professur bekleidet. Bevor sie Düsseldorf verließ, diskutierten wir mit ihr die Frage, wo und von wem ich mich in Zukunft am besten behandeln lassen sollte. Sie empfahl uns Prof. Dr. Thomas Voit, damals Leiter der Klinik für Allgemeine Pädiatrie mit Schwerpunkt Neuropädiatrie an der Universitätsklinik Essen. Ein ausgewiesener Fachmann für neuromuskuläre Erkrankungen, der später an das Louis-Pasteur-Institut in Paris gewechselt ist und dort an Duchenne Muskeldystrophie geforscht hat.

Der Tipp vom Professor

Meine Gespräche mit ihm drehten sich natürlich in erster Linie um meinen Zustand. Er wollte wissen, wie es mir aktuell geht und ob sich Dinge seit dem letzten Besuch verschlechtert hatten. Aber ihn interessierte auch, welche Hobbys ich habe, wie es in der Schule läuft und auf welche weiterführende Schule ich denn im Anschluss an die Grundschule wechseln möchte. Für seine Empfehlung bezüglich der weiterführenden Schule bin ich ihm bis heute dankbar. Er empfahl mir, die Anna-Freud-Schule in Köln zu besuchen, eine Förderschule für körperliche und motorische Entwicklung des Landschaftsverbands Rheinland (LVR). Das Besondere an dieser Schule: Sie unterrichtet als einzige Förderschule für Körperbehinderte in NRW in der Sekundarstufe I (Fachoberschulreife) und in der Sekundarstufe II (Abitur).

Anna-Freud-Schule - eine prozessorientierte, inklusive Schule

Die LVR-Anna-Freud-Schule ist eine Förderschule des Landschaftsverbandes Rheinland in Köln (LVR) für Kinder und Jugendliche mit körperlichen Behinderungen sowie psychischen und psychosomatischen Erkrankungen.

Als einzige weiterführende Förderschule für Körperbehinderte in NRW unterrichtet sie in der Sekundarstufe I vorwiegend nach Realschulrichtlinien und in den Jahrgangsstufen EF, Q1 und Q2 (ehem. 11-13) nach den Richtlinien der gymnasialen Oberstufe mit der Möglichkeit, auch das Abitur zu machen. Die Schülerinnen und Schüler werden ganzheitlich gefördert. Pädagogen, Therapeuten und Pflegepersonal arbeiten eng zusammen und ermöglichen den Schülerinnen und Schülern eine umfassende und individuelle Förderung. Die Schule verfügt über eine eigene Turnhalle und ein eigenes Schwimmbad. Zurzeit besuchen rund 286 Schülerinnen und Schüler die LVR-Anna-Freud-Schule.

Für Schülerinnen und Schüler, die wegen ihrer Behinderung oder einer zu weiten Anfahrt nicht mit Bus und Bahn fahren können, hat der LVR einen Schülerspezialverkehr eingerichtet.

Quelle: Anna-Freud-Schule (www.anna-freud-schule.de)

Natürlich hatten meine Eltern und ich uns bereits vor dem Gespräch mit dem Arzt viele Gedanken über die weiterführende Schule gemacht. Von einer solchen Entscheidung hängt ja später einmal viel ab, auch wenn man sich dessen nicht unbedingt bewusst ist. Doch während gesunde Kinder auf Basis des letzten Versetzungszeugnisses der Grundschule sowie der Empfehlung der Lehrkraft mehr

oder weniger die freie Wahl zwischen Hauptschule, Realschule, Gesamtschule oder Gymnasium haben, sieht die Situation für körperbehinderte Kinder düster aus. Vor allem, wenn es sich wie in meinem Fall um eine schwere Behinderung handelt und man auf einen Rollstuhl und auf die Hilfe Dritter angewiesen ist.
In Grevenbroich kam nur die Käthe-Kollwitz-Gesamtschule in Betracht. Wir hatten bereits ein Gespräch mit dem Schulleiter dieser recht beliebten Schule geführt, und aus seiner Sicht sprach nichts dagegen. Auch wenn klar war, dass die räumlichen Bedingungen nicht optimal waren, so hätte ich diese Schule jedenfalls besuchen können. Nach dem Gespräch mit Prof. Dr. Voit war das Thema jedoch mehr oder weniger vom Tisch. Die Anna-Freud-Schule war immerhin eine weiterführende Schule speziell für Menschen wie mich. Außerdem war ihre Entfernung von meinem Wohnort mit 35 km noch im Rahmen, und für Schüler:innen, die wegen ihrer Behinderung nicht mit Bus und Bahn fahren konnten, wurde vom LVR auch der Transport geregelt. Ich wurde jeden Morgen um 6:40 von einem Fahrdienst abgeholt. Auf der Fahrt zur Schule sind wir weitere Orte angefahren, um andere Kinder mitzunehmen, manche von ihnen saßen so wie ich im Rollstuhl. Nach Schulschluss gegen 15:30 Uhr wurden wir dann wieder nach Hause gefahren. Die Fahrt dauerte gut eine Stunde.

Nicht jeder kann die Anna-Freud-Schule besuchen

Ein Wechsel auf die Anna-Freud-Schule war jedoch an mehrere Bedingungen geknüpft. Zum einen musste man einer Verordnung des Landes Nordrhein-Westfalen entsprechend den sonderpädagogischen Unterstützungsbedarf im Bereich körperliche und motorische Entwicklung gemäß der Ausbildungsordnung für Sonderpädagogische Förderung nachweisen. Das heißt, die körperliche oder motorische Behinderung musste beim Schulamt belegt werden. Zum anderen musste das Lehrerkollegium der Grundschule am Ende des vierten Schuljahres eine Empfehlung für die Realschule aussprechen. Zu guter Letzt musste man an der Anna-Freud-Schule auch noch einen Aufnahmetest erfolgreich bestehen. Dabei handelte es sich um den Hamburg-Wechsler-Intelligenztest für Kinder III, auch bekannt als HAWIK-III-Test, mit dem die kognitiven Fähigkeiten von Kindern und Jugendlichen erfasst werden.

HAWIK-III

Der Hamburg-Wechsler-Intelligenztest (HAWIK) ist ein Intelligenztest für Kinder und Jugendliche im Alter von 6 bis 16 Jahren. Er wurde von der Universität Hamburg entwickelt und basiert auf dem Wechsler Intelligence Scale for Children (WISC), einem weit verbreiteten Intelligenztest für Kinder. Der HAWIK untersucht verschiedene Aspekte der Intelligenz, wie zum Beispiel die Verarbeitungsgeschwindigkeit, die Gedächtnisleistung und die logischen Fähigkeiten. Der Test besteht aus verschiedenen Aufgaben und Übungen, die die Kinder lösen müssen, um ihre Intelligenz zu messen. Er wird oft von Psychologen und Pädagogen verwendet, um Kinder mit Lern- oder Verhaltensproblemen zu diagnostizieren und zu behandeln.

Der sonderpädagogische Unterstützungsbedarf ließ sich in meinem Fall natürlich leicht nachweisen. Bei der Realschulempfehlung hatte meine damalige Klassenlehrerin jedoch Bedenken. Für meine Eltern und mich war das sowohl überraschend als auch in der Begründung vollkommen unverständlich.

Nur mit Realschulempfehlung

Obwohl mein Abschlusszeugnis mich für jeden Typ von weiterführender Schule qualifiziert hatte, traute meine Klassenlehrerin mir nicht zu – warum auch immer –, dass ich die Realschule schaffen würde. Für diese Frau gehörte ich einfach nicht in die Kategorie

Realschule. Meine Mutter kostete es einiges an Überredungskraft, um ihr klarzumachen, dass die Anna-Freud-Schule die beste Schule für mich sei. Würde ich die Aufnahmeprüfung dort nicht bestehen, hätte sich das Thema sowieso erledigt. Sie dürfe mir diese einmalige Chance jedoch nicht leichtfertig verwehren. Am Ende wurde die Realschulempfehlung ausgesprochen und ich bin stolz, dass ich es allen, die nicht an mich geglaubt haben, gezeigt habe!

Allein in Köln

Also besuchte ich ab dem 21. August 2006 die Anna-Freud-Schule in Köln, was mir anfangs in zweifacher Hinsicht schwerfiel. Zum einen war es das erste Mal, dass ich tagsüber längere Zeit von meinen Eltern getrennt war. Immerhin waren es fast 10 Stunden, und die Distanz zwischen Köln und Grevenbroich war so groß, dass meine Mutter nicht einfach mal so vorbeikommen konnte, wie sie es in der Grundschule öfter getan hatte, um Dinge mit den Lehrern zu regeln oder mir etwas vorbeizubringen, das ich zuhause vergessen hatte. Ich war in dieser Zeit auf mich alleine gestellt und musste mich alleine in einem fremden Umfeld zurechtfinden.
Das ist natürlich nichts wirklich Außergewöhnliches. Da muss jedes Kind durch, das von der Grundschule auf eine weiterführende Schule wechselt. Aber die räumliche Distanz machte es doch etwas schwieriger. Außerdem war ich Fremden gegenüber eher verschlossen, was es nicht einfach machte, wenn man von einem Tag auf den anderen nur noch von Fremden umgeben war. Viele meiner Mitschüler:innen saßen so wie ich im Rollstuhl.
An der Anna-Freud-Schule geht es zu wie an anderen weiterführenden Schulen auch. Die Tatsache, dass sie eine Förderschule für Kinder mit körperlichen Behinderungen oder psychischen Erkrankungen ist, bedeutet nicht, dass man dort in Watte gepackt wird. Auch auf der Anna-Freud-Schule gab es Schüler:innen, die man mochte und mit denen man sich angefreundet hat, welche, mit denen man

klarkam, und andere, denen man am liebsten aus dem Weg ging, weil sie immer einen dummen Spruch auf den Lippen hatten, wenn man ihnen begegnete.

Das Konzept der Förderschule

Trotzdem ist die Anna-Freud-Schule etwas Besonderes und ich bin entsetzt über die aktuelle politische Diskussion, ob man das Konzept der Förderschulen aufgeben soll und ob behinderte Kinder und Jugendliche stattdessen im Sinne von „echter" Inklusion Regelschulen besuchen sollen. Einen solchen Vorschlag kann nur jemand machen, der nicht behindert ist und keine Ahnung davon hat, wie es ist, dauerhaft auf die Hilfe anderer angewiesen zu sein. Jemand, der nicht versteht, dass den Unterricht begleitende Therapien wie Ergotherapie, Logotherapie und Physiotherapie nur an speziell dafür ausgestatteten Schulen mit entsprechend ausgebildeten Fachkräften möglich sind. Viele Behinderte mit erhöhtem Förderbedarf würden an einer Regelschule untergehen, weil man ihnen aus Mangel an Mitteln, Ausstattung, Lehrkräften und Zeit keine individuelle Unterstützung zukommen lassen kann.

Von „Zivis" und „FSJ-lern"

Begleitende Therapien, individuelle Förderung sowie Hilfe bei alltäglichen Dingen wie dem Toilettengang machen Schulen wie die Anna-Freud-Schule aus. Dort gab es zu meiner Zeit den „Zivi-Raum", in dem sich 10 Zivildienstleistende und FSJ-ler – junge Menschen, die ein freiwilliges soziales Jahr (FSJ) absolvierten – aufhielten, um bei Bedarf Hilfe zu leisten. Ich fuhr mit dem Rollstuhl dorthin, um zu fragen, ob jemand Zeit hatte, mir bei einer Sache zu helfen, die ich aufgrund meiner Behinderung alleine nicht bewerkstelligen konnte. Wenn ich mal zur Toilette musste, dann hoffte ich inständig, in dem Raum jemanden anzutreffen. Manchmal war der Raum jedoch leer und ich hatte ein echtes Problem.

Das Komplettprogramm: Physio-, Logo- und Ergotherapie

Ich erhielt an der Anna-Freud-Schule jeweils zweimal wöchentlich Physiotherapie, Logopädie und Ergotherapie nach Bobath. Das Bobath-Konzept ist ein interdisziplinärer Ansatz. Das bedeutet, dass verschiedene medizinische Berufsgruppen wie Physiotherapeut:innen, Pflegekräfte, Ärzt:innen und Ergotherapeut:innen zusammenarbeiten. Die Therapie-Sitzungen dauerten jeweils 45 Minuten und fanden während des normalen Unterrichts statt. Die Zeit musste ich nachholen und mich selbst darum kümmern, was im Unterricht besprochen worden war. Manchmal fanden die Therapien auch während der Hausaufgaben-Stunden am Nachmittag statt. Dann verpasste ich zwar den Unterricht nicht, musste die Hausaufgaben jedoch nach meiner Rückkehr zuhause um 16:30 Uhr erledigen. Das war zeitweise echt anstrengend. An solchen Abenden war ich wirklich platt.
Die Physiotherapie zielte darauf ab, meine Eigenaktivität zu erhalten oder zu fördern. Ich stand regelmäßig in einem sogenannten Stehtrainer. Dabei handelt es sich um ein medizinisches Gerät, das in der Rehabilitation verwendet wird, um Patient:innen dabei zu helfen, das Stehen und Gehen wieder zu erlernen. Sie können meist elektrisch betrieben werden und haben unterschiedliche Einstellmöglichkeiten, damit sie an die Bedürfnisse und Fähigkeiten der Patient:innen angepasst werden können. Natürlich konnte ich durch einen Stehtrainer nicht die Fähigkeit zu gehen wiedererlangen. Für den Kreislauf von Menschen, die tagsüber ausschließlich im Rollstuhl sitzen, ist es jedoch förderlich, ab und zu aufgerichtet zu werden, auch wenn dies wegen der eingeschränkten Beweglichkeit meiner Gelenke aufgrund der zunehmenden Kontrakturen meiner Muskulatur teilweise sehr schmerzhaft war.

Bei der Logopädie ging es darum, durch Mund- und Zungen-Übungen die Mundmuskulatur zu trainieren. Dieser Bereich wird von Patienten mit Muskelerkrankungen manchmal vernachlässigt und sorgt dafür, dass die Aussprache wegen fehlender Spannung schlechter wird. In der Ergotherapie habe ich gebastelt, um meine Feinmotorik zu trainieren, aber mich auch mit alternativen Schreibtechniken wie Spracherkennungs- und Diktiersoftware beschäftigt. Zu meinen Therapien mehr auf Seite 131.

Ausbildung und Job

Nicht jeder hat mit dem Tag seines Schulabschlusses auch eine genaue Vorstellung davon, wie es beruflich weitergehen soll. Mache ich eine Ausbildung, entscheide ich mich für ein duales Studium oder schlage ich eine akademische Laufbahn ein und besuche eine Hochschule? In meinem Fall kamen natürlich wegen der körperlichen Einschränkungen bestimmte Ausbildungen nicht in Frage, Tischler hätte ich z. B. nicht werden können. Dafür boten sich andere Ausbildungen jedoch geradezu an. Insbesondere die, bei denen der PC eine zentrale Rolle spielte. Mit dem PC hatte ich mich schon seit vielen Jahren beschäftigt. Das hat auch damit zu tun, dass mein Vater in der IT-Sparte eines großen Finanzunternehmens arbeitete und vorher als Autor Bücher zu vielen Themen rund um den PC geschrieben hatte. Ich bin sozusagen mit dem PC groß geworden und habe auch schon relativ früh einen besessen.

Nur nicht entmutigen lassen

Ich weiß von anderen Jungen mit Duchenne Muskeldystrophie, die sich gefragt haben, warum sie überhaupt zur Schule gehen sollen. Mit unserer Erkrankung würden wir doch ohnehin weder einen Ausbildungsplatz bekommen noch jemals einen Job haben und Geld verdienen, so ihr Argument. Auch wenn ich diesen Gedankengang grundsätzlich verstehen kann, ließ ich mich doch nie von ihm entmutigen. Anfangs nutzte ich den PC zum Spielen, wobei mich besonders Aufbauspiele interessierten, bei denen man etwas erschaffen konnte, sei es eine Stadt (Anno) oder wie im Falle von Roller Coaster eine Achterbahn in einem virtuellen Freizeitpark. Mit dem PC konnte ich Dinge kreieren, die ich mit meinen Händen nicht herstellen konnte.

Der Zufall klopft erneut an

Wie der Zufall es will, hatte sich mein Vater seinerzeit hobbymäßig mit einer Software beschäftigt, mit der sich Dinge in 3D modellieren ließen. Die Software heißt Blender und sie sollte mein Leben maßgeblich beeinflussen, was ich damals im achten Schuljahr, als ich mich zum ersten Mal mit dem Programm beschäftigte, noch nicht wissen konnte.
Das Thema Design fesselte mich immer mehr und ich hatte vor, später Mediengestalter zu werden. Nach der Schule suchte ich also erst einmal eine Ausbildungsstelle, verschickte eine Reihe von Bewerbungen und wurde auch zu Bewerbungsgesprächen eingeladen. Leider verliefen diese jedoch nicht so, wie ich mir das gewünscht hatte. Als etwas ungerecht empfand ich, dass ich in einem Fall einen Test absolvieren musste, bei dem ich mit der Hand Dinge entwerfen sollte, was einfach nicht ging. Ich kam jedenfalls nicht in die nächste Runde.

Nichts für mich: das Berufsbildungswerk in Volmarstein

Kurze Zeit später hatte ich ein Beratungsgespräch beim Arbeitsamt. Der zuständige Mitarbeiter war sehr kompetent. Er unterstützte mich in meinem Wunsch, eine Ausbildung zu machen und riet mir dazu, es einmal in Volmarstein zu versuchen. Volmarstein ist ein

Berufsbildungswerk mit einem integrierten Internat, etwa 100 km von meinem Wohnort entfernt. Dort wurde eine Ausbildung zum Mediengestalter angeboten, was vom Berufsbild her in die richtige Richtung ging. Also nahmen meine Eltern Kontakt mit der Einrichtung auf und vereinbarten eine Art Probezeit von vier Wochen.

Als der Tag gekommen war, reiste ich mit Sack und Pack an. Aber bereits nach wenigen Stunden, meine Eltern waren noch nicht zurückgefahren, stand für mich fest, dass ich dort nicht bleiben würde. Es gefiel mir überhaupt nicht und noch am Tag meiner Anreise reiste ich wieder ab. Man lernt in einem Internat zwar, selbstständig zu werden, aber gleichzeitig fühlte ich mich dort abhängiger als je zuvor. Vor allem, weil ich von allen Auszubildenden dort am meisten Hilfe gebraucht hätte. Ich hatte einfach kein gutes Gefühl bei der Sache.

Deshalb nahm ich mir vor, mich zunächst selbst um eine Ausbildungsstelle zu kümmern. Sollte ich nach einem Jahr immer noch mit leeren Händen dastehen, würde ich Volmarstein noch einmal eine Chance geben und die Ausbildung zum Mediengestalter dort antreten. Aber so weit kam es zum Glück nicht.

Auf der Suche nach einem Ausbildungsplatz

Die Suche nach einem Ausbildungsplatz dauerte fast ein Jahr. Es war ein Jahr ohne Struktur, ohne wirkliche Perspektive. Das ging mir furchtbar auf die Nerven. Ich war in dieser Zeit nicht besonders gut drauf, blieb lange im Bett und hatte zu nichts Lust. Doch bei einem Besuch der Messe REHACARE in Düsseldorf entdeckten meine Eltern und ich an einem Stand zufällig das E-Learning-Angebot des Berufsbildungswerks Neckargemünd. Man bot dort sogenannte E-Learning-Ausbildungen an, also Ausbildungen, die man von zuhause aus in virtuellen Klassenräumen machen konnte. Es gab zwar nur eine begrenzte Anzahl von Ausbildungsberufen, die sich dafür anboten, unter ihnen war jedoch auch der Beruf des Technischen Produktdesigners. Das war genau das, wonach ich suchte!

Meine Ausbildung zum Technischen Produktdesigner 3D

Im September 2013 begann ich endlich meine Ausbildung. Sie dauerte dreieinhalb Jahre. Ähnlich einer Videokonferenz wurde dabei virtuell gelehrt. Der Lehrer gab dabei seinen Bildschirm frei, der quasi die Tafel darstellte. In unserem Ausbildungsjahrgang waren wir nur zu dritt, da konnte man sich nicht verstecken. Natürlich gab es auch einen Stundenplan, Theorie und Praxis gingen Hand in Hand. Uns wurden Laptops und die Software zur Verfügung gestellt, allerdings gab es keine Ausbildungsvergütung. Zum Glück bekam ich von meinen Eltern Taschengeld, so dass ich mir das eine oder andere leisten konnte.

Anfang 2017 gab ich meine Abschlussarbeit ab. Die Aufgabe bestand darin, einen sogenannten Roboter-Parallelgreifer zum Versetzen von Paketen zu konstruieren. Das war nicht ganz so einfach, macht man schließlich nicht alle Tage. Es musste nicht nur ein 3D-Modell entworfen werden, das schön anzusehen war, es musste auch nachgewiesen werden, dass es funktioniert. Es gab mehrere Möglichkeiten, einen solchen Robotergreifer auszuführen, z. B. mechanisch oder hydraulisch. Ich habe mich für die mechanische Ausführung entschieden, da wir Hydraulik in der Ausbildung nicht besprochen hatten. Es mussten Berechnungen zwecks Materialwahl und -stärke durchgeführt und alles fein säuberlich dokumentiert und eingereicht werden. Zu guter Letzt wurde ich in einer mündlichen Prüfung zu dem Projekt befragt. Auf jeden Fall habe ich die Prüfung erfolgreich bestanden und seit Februar 2017 bin ich Technischer 3D-Produktdesigner mit IHK-Abschuss. Wer einmal einen Blick auf meine Abschlussarbeit werfen möchte, kann dies unter https://1drv.ms/b/s!AgTgUfVTYRE_bg38QXxWoFyf_cA?e=y55Hym tun.

Ich kann eine Ausbildung via E-Learning jedem, der an einer schweren Körperbehinderung wie Muskeldystrophie leidet, nur empfehlen. Natürlich ist es verlockend auszuziehen, um wirklich selbstständig und unabhängig von den Eltern zu sein. Ich wollte mich jedoch zunächst um einen Job kümmern und eventuell erst danach ausziehen, um wirklich auf eigenen Füßen zu stehen, ohne dass meine Eltern am Ende doch für alles bezahlen müssen.

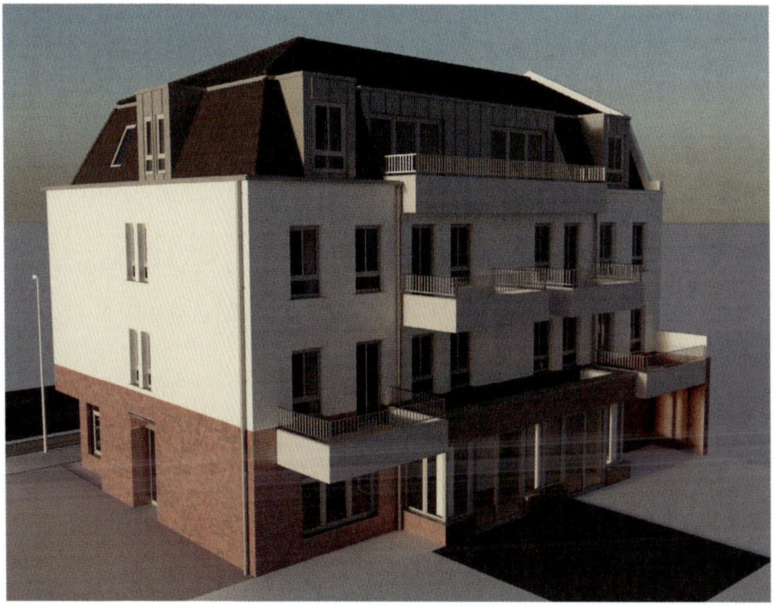

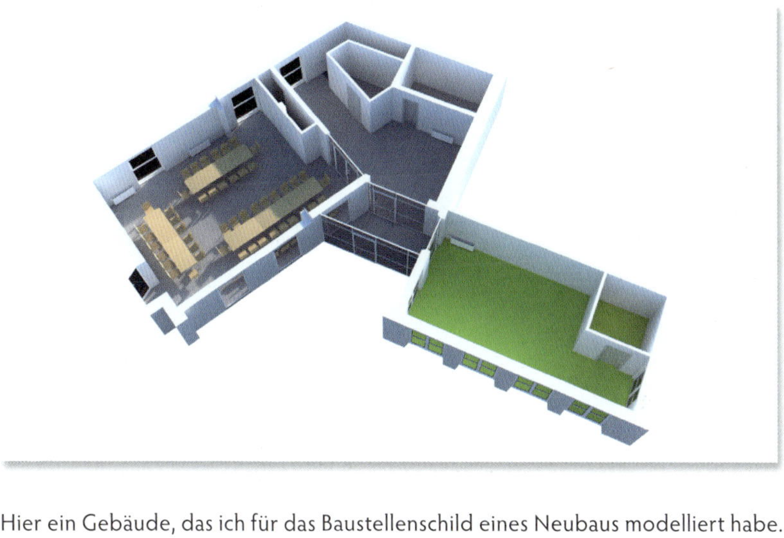

Hier ein Gebäude, das ich für das Baustellenschild eines Neubaus modelliert habe. Und unten der Umbau eines Pfarrzentrums aus der Vogelperspektive.

Ausbildung abgeschlossen! Und jetzt?

Ich hatte die Ausbildung zum Technischen Produktdesigner zwar mit Erfolg absolviert. Einen Job hatte ich aber trotzdem noch nicht. Es verging noch ein Jahr, bis es soweit war. Nach der Ausbildung musste ich zunächst wieder beim Arbeitsamt vorstellig werden und mich dort arbeitssuchend melden. Der Mitarbeiter, mit dem ich das Gespräch hatte (es war leider nicht derselbe, der mich vier Jahre zuvor bei der Suche nach einer Ausbildungsstelle unterstützt hatte), kam gleich zur Sache. Ich müsse womöglich in eine Werkstatt für Menschen mit Behinderung! Mir fiel die Kinnlade herunter und ich war wirklich verunsichert. Das erste, das diesem Herrn für meine berufliche Zukunft einfiel, war die Werkstatt für Behinderte? Dafür habe ich mich also dreieinhalb Jahre zum Technischen Produktdesigner ausbilden lassen? Selbst jetzt, sieben Jahre später, muss ich darüber noch den Kopf schütteln.
So traurig mich dieses Klischee auch machte (und immer noch macht), so sehr spornte es mich an, diesen Mitarbeiter und alle, die so denken wie er, vom Gegenteil zu überzeugen. Jetzt erst recht! Ich ergriff selbst die Initiative. Ich schrieb dutzende von Bewerbungen, vor allem an Architekten. Ich hatte mich in meiner Freizeit intensiv mit dem Thema Architekturvisualisierung in 3D beschäftigt und zahlreiche Projekte realisiert, die ich den Bewerbungen als Arbeitsproben beilegte. Leider ohne großen Erfolg. Entweder bestand kein Bedarf oder es scheiterte, wie in einem Fall, am Thema Toilettengang.

Alleine pinkeln müsste man können ...

Ein Konstruktionsunternehmen in Mönchengladbach hatte auf eine Anfrage des Arbeitsamtes reagiert und sich tatsächlich bereit erklärt, mich einzustellen. Bis nach Mönchengladbach sind es von Grevenbroich aus nur knapp 30 km, maximal eine halbe Stunde Fahrt also. Das war schon mal sehr gut. Die Firma nutzte dann auch noch die Software, an der ich ausgebildet worden war. Das war wiederum äußerst hilfreich. Ich hätte sofort produktiv mitarbeiten können, zumindest an kleineren Projekten.

Was ich auch tat. Wir vereinbarten eine Woche Probearbeit und ich wurde die fünf Tage von einem Fahrdienst nach Mönchengladbach gefahren und am Nachmittag wieder abgeholt. Alles war eigentlich gut. Die Bezahlung war jedoch selbst für einen Berufseinsteiger unterdurchschnittlich. Begründet wurde das mit dem Argument, dass Behinderte weniger effizient, also langsamer seien als Mitarbeiter ohne Behinderung.

Auch wenn diese Bemerkung des Firmeninhabers zeigte, wie voreingenommen er war, hatte ich mich dennoch dafür entschieden, nach der Probewoche dort zu arbeiten, zumal man auch mit meinen Leistungen zufrieden war, was mich natürlich freute. Doch am Ende kam es nicht dazu. Der Grund lag in meiner Erkrankung. Ich kann nicht alleine auf die Toilette zum Wasserlassen, sondern benötige Hilfe beim Anreichen und Halten der Urinflasche. Am Pinkeln ist es letztendlich gescheitert. In der Firma hatte sich niemand bereit erklärt, mir in Zukunft beim Toilettengang zu helfen und beim Arbeitsamt hatte man auch keine Lösung für das Problem. Es gibt nun mal keinen „Pinkelservice“, der bei Bedarf vorbeikommt und einem dabei hilft. Das war eine wirklich deprimierende Erfahrung, denn sie machte mir unmissverständlich klar, dass ich sehr wahrscheinlich niemals einen „normalen“ Job bekommen würde, also eine Arbeit vor Ort in einem Unternehmen mit Kolleg:innen und allem, was so dazugehört. „Wofür dann das alles?“, fragte ich mich immer wieder.

Auf jeden Fall hatte sich diese Gelegenheit zerschlagen und meine Hoffnung schwand zusehends. Wie gesagt, ich hatte ja bereits so gut wie alle Architekten im Umkreis angeschrieben und meine Dienste im Bereich 3D-Architekturvisualisierung angeboten. Ich war der Meinung, dass dies eine interessante Zusatzleistung sein würde, die ein Architekturbüro seinen Kunden zusätzlich zu den normalen Bauplänen anbieten könnte. War es aber offenbar nicht, und mit jeder Absage, die in unserem Briefkasten landete, verschlechterte sich nicht nur meine Stimmung, auch meine Eltern waren traurig.

Ein Job! Der 6er im Lotto

Doch dann kam die sehnlichst erwartete Wende, sozusagen der 6er im Lotto! Es war irgendwann im Sommer und ich hatte ein paar Tage zuvor einen Auftrag erledigt, bei dem ich das neue Pfarrzentrum der Katholischen Kirchengemeinde St. Peter und Paul in Grevenbroich auf Basis der Architektenpläne in 3D umsetzen sollte (https://vimeo.com/264143779). Ich hatte eine ziemlich aufwändige, mit Musik unterlegte Präsentation des Projektes erstellt, die meine Mutter dann auf ihrem Facebook-Account postete. Man mag über soziale Medien denken, was man will (ich stehe ihnen eher kritisch gegenüber), aber die Veröffentlichung dieser Kostprobe meiner Arbeiten im Bereich 3D-Architektur machte den Unterschied. Der Beitrag war gerade einmal ein paar Minuten in Umlauf, als sich ein Bekannter meiner Eltern bei uns meldete. Er arbeitete im Management der St. Augustinus Gruppe Neuss, einem der größten Unternehmen in der Gesundheits- und Sozialbranche im Rheinland mit Schwerpunkt in der Somatik, Psychiatrie sowie der Senioren- und Behindertenhilfe. Wie der Zufall es will, war man dort auf der Suche nach jemanden mit meinem Profil. Jemand mit technischer Ausbildung, gestalterischem Gespür und idealerweise Kenntnissen im Bereich 3D-Architekturvisualisierung.

Ein toller Arbeitgeber, die St. Augustinus Gruppe Neuss

Jetzt bin ich also Technischer Produktdesigner und arbeite seit nun schon fünf Jahren bei der St. Augustinus Gruppe Neuss. Meine Stellenbeschreibung lautet „CAD-Sachbearbeiter". CAD steht für Computer Aided Design, also computerunterstütztes Design. Ich ma-

che jetzt genau das, was ich in meiner Ausbildung gelernt habe. Ich kümmere mich vorrangig um Flucht- und Rettungspläne sowie um Baustellenschilder.
Die St. Augustinus Gruppe Neuss ist ein toller Arbeitgeber. Ich bin unendlich dankbar dafür, dass man mich eingestellt und mir die Chance gegeben hat zu zeigen, was in mir steckt. Und dass ich auch Anerkennung dafür bekomme. Ich meine dabei nicht die finanzielle Anerkennung. Die ist für mich zweitrangig. Bedeutsamer für mich ist, dass andere sehen, was ich kann. Dass ich zeigen kann, was ich auf dem Kasten habe, auch wenn ich im Rollstuhl sitze und an einer Muskelerkrankung leide. Ich kann stolz auf mich sein, soviel „Eigenlob“ muss erlaubt sein.
Ich denke, es sollte alles genau so kommen. Die Anna-Freud-Schule besuchen, die Online-Ausbildung zum Technischen Produktdesigner beim Berufsbildungswerk Neckargemünd antreten und am Ende dann diese Stelle finden. Als sei alles exakt so geplant gewesen. Verblüffend, wie sich Dinge ergeben und ineinandergreifen, ohne dass man es merkt!
Wenn man wie ich an einer körperlichen Behinderung leidet und mit Einschränkungen lebt, dann muss man stetig gefordert werden, um sich geistig weiterzuentwickeln und nicht auf der Stelle zu treten. Gefordert und gefördert. Auch deswegen bin ich froh, dass ich meine Eltern habe. Sie haben mich immer unterstützt und mir alles ermöglicht. „Sonderschule? Werkstatt? Könnt ihr vergessen!“ Dafür bin ich ihnen sehr dankbar.

AUF REISEN

Abhängig von ihrer Schwere beeinflusst eine Krankheit oder Körperbehinderung das Leben der Betroffenen mehr oder weniger stark. Je schwerer die Behinderung, desto größer ist ihr Einfluss, desto mehr Einschränkungen muss man lernen zu akzeptieren. Das betrifft alle möglichen Bereiche und Situationen des täglichen Lebens, unter anderem auch die Entscheidung, wo und wie man Urlaub macht.

Im Erzgebirge

Meinen ersten Urlaub im Erzgebirge hatte ich bereits auf Seite 25 kurz erwähnt. Leider stand der unter keinem guten Stern, denn als wir im Januar 1999 aus dem Urlaub zurückkehrten, wurde meinen Eltern von meinem Kinderarzt mitgeteilt, dass ich an Duchenne Muskeldystrophie litt. Dieser Urlaub bleibt auf ewig damit verbunden.
Meine Großeltern stammen aus dem idyllischen Ort Hormersdorf im Erzgebirge. Meine Oma wurde dort geboren, meinen Opa und seine Mutter hatte es nach dem Krieg auf der Flucht vor den Russen dorthin verschlagen. Hormersdorf liegt auf 500 Meter am nördlichen Rand des Erzgebirges etwa in der Mitte zwischen Chemnitz im

Norden und der 20 km entfernten Grenze zu Tschechien im Süden. Dort steht etwa 300 Meter von einem großen Waldgebiet entfernt das Elternhaus meiner Oma. Es war meiner Urgroßmutter nach der Wende zurück überschrieben worden, und meine Oma hatte es von ihrer Mutter geerbt.
Meine Großeltern liebten Hormersdorf. Es war ihre Heimat. Für meinen Opa war es genaugenommen seine zweite Heimat, denn geboren wurde er in Brandenburg, in einem kleinen Dorf östlich von Guben, das heute zu Polen gehört. Dort hatte er seine früheste Kindheit verbracht, bevor er 1945 fliehen musste. Meine Großeltern hatten sich in Hormersdorf kennengelernt. Sie waren 1957 in den Westen geflohen und nach Zwischenstationen in Hamburg und Coesfeld, wo sie 1958 heirateten, in Grevenbroich gelandet. Dort gründeten sie schließlich eine Familie.
In den 70er und 80er Jahren fuhren die beiden regelmäßig nach Hormersdorf in die damalige DDR, um dort Verwandte und Freunde zu besuchen. Sie hatten nie den Bezug zu dem kleinen Ort im Erzgebirge verloren. Als nach der Wende das Haus in ihren Besitz überging, machte sich mein Opa daran, es zu renovieren und in dem Mehrfamilienhaus zunächst für meine Großeltern eine kleine Einliegerwohnung und später dann für ihre Kinder und Enkelkinder eine freiwerdende Wohnung herzurichten.
Im Dezember 1998 waren wir zum ersten Mal dort und danach so gut wie jedes Jahr in der Zeit nach Weihnachten und über Silvester. Heiligabend und den 1. Weihnachtstag feierten wir zuhause mit der Familie und am 2. Weihnachtstag gings dann los, 570 km in Richtung Osten, wo wir von meinen Großeltern immer sehnlichst erwartet wurden. Wir hatten oft Glück und es lag Schnee, aber es waren auch ein paar Jahre dabei, da fehlte die weiße Pracht und die Gegend präsentierte sich in winterlich düsterem Grau.
Die Zeit in Hormersdorf war von gemütlicher Langeweile geprägt, also im positiven Sinne. Von Hektik keine Spur. In einer der Wohnungen lebte ein älteres, befreundetes Ehepaar meiner Großeltern. Ich hatte die beiden liebgewonnen und verbrachte tagsüber

Das Elternhaus meiner Oma in Hormersdorf im Erzgebirge. Dorthin fuhren wir fast jedes Jahr für eine Woche in der Nachweihnachtszeit. Mit diesen Urlauben verbinde ich Besinnlichkeit, geschmückte und mit Schwibbögen beleuchtete Fenster, leckeres Essen und natürlich Schnee und meine erste Schlittenfahrt auf dem Rücken meines Vaters die verschneite Waldwiese hinunter.

viel Zeit bei ihnen. Ihre Wohnung lag ebenso wie die Einliegerwohnung meiner Großeltern im Erdgeschoss, während sich unsere Wohnung im ersten Stock befand. Dies sollte später zum Problem werden und letztlich dazu führen, dass wir seit 2010 nicht mehr dort waren.
Mein Vater stand oft ziemlich früh auf. Er genoss es, noch vor Sonnenaufgang mit unserem damaligen Hund Rudi – einem niederländischen Schapendoes, wie unser jetziger Hund Gonzalo auch – im nahen und weitläufigen Geyerschen Wald spazieren zu gehen. Und wenn es stark geschneit hatte, dann schnallte er sich auch schon mal die Schneeschuhe um und stapfte in Richtung Waldrand. Ich lag da noch im Bett und stand erst auf, wenn er zurück war, Sem-

mel mitgebracht hatte und der Frühstückstisch in unserer Wohnung bereits gedeckt worden war.
Tagsüber gingen wir ebenfalls oft im Wald und auf den angrenzenden Feldern spazieren. Dann saß ich entweder auf einem Schlitten in einer Art Sitzschale und wurde von meinen Eltern gezogen oder aber die Schneedecke war hart genug und ich konnte mit meinem Rollstuhl fahren. Wir machten Tagesausflüge nach Chemnitz und Dresden, spazierten durch idyllische Erzgebirgsdörfer und saßen abends gemeinsam mit meinen Großeltern, den befreundeten Nachbarn und meiner Großtante, die oft zu Besuch war, am Tisch und aßen typisches Essen aus der Region.
Anfangs, als ich noch jünger war und auch noch gehen konnte, war das alles unproblematisch. In den ersten Jahren benötigte ich noch keinen Rollstuhl und stieg entweder alleine die Treppe zu unserer Ferienwohnung hinauf oder wurde von meinen Eltern hochgetragen. Mein erster Rollstuhl war ein e-fix, den mein Vater dann die Treppe hochtrug, um anschließend mich hochzutragen und in den Rollstuhl zu setzen. Da Flure und Türen breit genug waren, konnte ich problemlos umherfahren. Problematisch war lediglich das Badezimmer. Es war ein wenig beengt, hatte eine recht schmale Tür und verfügte natürlich nicht über eine barrierefreie Dusche. Wie sollte mein Opa bei der Renovierung des Hauses auch ahnen, dass sein Enkel einmal im Rollstuhl sitzen würde. Also der Toilettengang und das Duschen waren nicht so ganz einfach zu bewerkstelligen, aber funktioniert hat es trotzdem. Musste ja.
Als ich dann später in einem „echten" E-Rollstuhl saß – ein Permobil C500, Vorgänger des F5, in dem ich heute sitze –, wurde die Logistik unseres Urlaub schon deutlich aufwändiger. Nun mussten drei Rollstühle transportiert werden: der C500, in dem ich während der Autofahrt saß, der e-fix für die Ferienwohnung im ersten Stock sowie ein Duschrollstuhl. Der C500 wiegt um die 150 Kilogramm. Um ihn die Treppe hochzutragen, braucht man mindestens drei kräftige Personen, die besser kein Problem mit dem Rücken haben sollten. Das war also keine Option. Den C500 haben wir deshalb im

Ein paar Eindrücke meiner Winterurlaube in Hormersdorf.

VW Bus gelassen und seine Akkus über Nacht mithilfe eines Verlängerungskabels aufgeladen.
Solange ich noch klein und leicht war, trug mein Vater mich wie gesagt die Treppe hoch, um mich oben in den Rollstuhl zu setzen. Später, als ich an Gewicht zugelegt hatte, war das nicht mehr so ohne Weiteres möglich. Meine Eltern hatten deshalb einen Treppenlifter besorgt, auf den sie mich umsetzten und dann die Treppe hoch bugsierten. Mir war dabei nicht wohl zumute. Ich saß auf diesem Gerät,

vertraute darauf, dass es nicht zusammenbrach, dass mein Vater es unter Kontrolle hatte und blickte dabei die steile Treppe hinunter, wo meine Mutter stand und uns ebenfalls besorgt hinterherschaute. 2010 waren wir das letzte Mal in Hormersdorf. Ich war mittlerweile 15 Jahre alt, ausgewachsen und die Verhältnisse waren nun einfach zu beengt. Unter Berücksichtigung des Fortschreitens meiner Krankheit war der Aufwand einfach zu groß, wenn man einmal etwas außerhalb der vier Wände unternehmen wollte. Ich langweilte mich zusehends und nach 12 Jahren war die Zeit im Erzgebirge einfach vorbei.

Die Zeltgemeinschaft

Soweit ich zurückdenken kann, waren meine Eltern bekennende Zeltcamper. Nachdem sie zusammengezogen waren, entdeckten beide das Windsurfen für sich. Gemeinsam mit meinem Onkel Michael, dem Bruder meines Vaters, sowie Bernhardiner-Dame Bianca fuhren sie viele Jahre und so oft es ging ans Veerse Meer, ein Binnengewässer in der niederländischen Provinz Zeeland, um dort, angetrieben vom Wind, wenn er denn blies, über das Wasser zu gleiten. Sie übernachteten zu dritt in einem kleinen Zelt und spielten bei Flaute (und bei Dosenbier) oft Rommé. Die drei begnügten sich mit einem kleinen Gaskocher, um das Wasser für den Kaffee zu erhitzen und ernährten sich ansonsten von niederländischem Fastfood wie Frikandel Spezial, Pommes, Bami Goreng sowie anderen meist frittierten Speisen.
Später dann stießen nach und nach vier befreundete Pärchen dazu und man beschloss, auf den Campingplatz Oranjezon zu wechseln, an der Küste zwischen Domburg und Vrouwenpolder gelegen. Als die langjährigen Freunde dort die sogenannte „Zeltgemeinschaft“ gründeten, war ich noch nicht auf der Welt. Es hatte sich eingebürgert, mindestens einmal im Jahr für ein verlängertes Wochenende – meistens war es über Pfingsten – ans Meer zu fahren, um

dort gemeinsam zu zelten, die Seele baumeln zu lassen, die schöne Atmosphäre der Strandcafés zu genießen und, wenn das Wetter es zuließ, am Strand zu liegen, der 15 Minuten Fußmarsch durch ein wunderschönes Naturschutzgebiet vom Campingplatz entfernt war.

Die Tage mit der Zeltgemeinschaft im niederländischen Zeeland gehören mit zu den schönsten (Kurz-)Urlauben in meinem Leben. Ihr seht mich auf diesem Bild oben links auf der Kinderpyramide, gestützt durch meinen Onkel. Unten in der Mitte des Bildes ist mein Vater und im Vordergrund unser Hund Rudi, ein niederländischer Schapendoes.

Mitte der 90er wurden dann alle im Abstand von ein paar Monaten Eltern und die Ausflüge an die niederländische Nordsee verfielen für ein paar Jahre in einen Dornröschenschlaf. Als wir Kinder vier bis fünf Jahre alt waren, nahm man sich vor, die Tradition wieder aufleben zu lassen.
Auch wenn unsere Aufenthalte auf Oranjezon nur kurz waren, meist waren es nur drei Nächte, so gehören sie doch rückblickend

zu den schönsten Urlauben in meinem Leben. Wir Kinder gingen spät ins Bett und spielten noch weit nach Sonnenuntergang miteinander. Unsere Eltern und ihre Freunde hatten das Zelten in der Gruppe im Lauf der Jahre perfektioniert. Die Familienzelte waren um drei regenfeste Pavillons herum aufgebaut, von denen eines die gemeinsame Außenküche beherbergte und die beiden anderen sozusagen den Gemeinschaftsraum im Freien bildeten, wo alle Platz an mehreren Campingtischen hatten, die zu einer langen Tafel zusammengestellt wurden.

Nach dem gemeinsamen Frühstück ging es bei schönem Wetter meistens an den Strand. Als ich nicht mehr so gut zu Fuß war, wurde ich mit einem kleinen Handwagen vom Campingplatz dorthin gezogen. Mein Vater trug mich dann die letzten Meter auf den Sand und ging huckepack mit mir ins Wasser, wenn auch die anderen Kinder im Wasser spielten. Am Nachmittag gings zurück zum Campingplatz, wo die Vorbereitungen für das gemeinsame Abendessen getroffen wurden. Nach dem Essen und dem Abwasch, für den beim Campen ja traditionell die Männer zuständig sind, saßen unsere Eltern bis tief in die Nacht bei Bier und Wein zusammen und genossen die Zeit, während wir Kinder auf der Wiese umhertollten. Irgendwann war leider auch diese Zeit vorbei. Die Zeltgemeinschaft löste sich langsam auf und das Kapitel gemeinsames Campen an der niederländischen Nordseeküste war Vergangenheit. Ich muss dazu sagen, dass es wegen meiner Krankheit auch zusehends schwieriger wurde. Ich benötigte später ein Luftbett, um einigermaßen bequem schlafen zu können. Und auch was Toilette und Körperpflege betraf, waren die Bedingungen beim Zelten einfach nicht optimal für jemanden mit einer Behinderung, wie ich sie habe.

Vergessen werde ich die Zeit niemals. Noch heute schwärmen meine Eltern und ich davon und wir malen uns aus, wie es wäre, die Zeltgemeinschaft wieder für ein gemeinsames, verlängertes Wochenende zusammenzutrommeln. Es bleibt aber in der Regel bei diesen Träumen. Wirklich machbar ist das mit Blick auf meine Erkrankung nicht. Leider!

Die Zeltgemeinschaft: eine Gruppe von Freunden meiner Eltern, die mit ihren Kindern viele verlängerte Wochenenden beim gemeinsamen Campen an der niederländischen Nordseeküste in der Provinz Zeeland verbracht haben. Die Kurzurlaube dort gehörten zu den Highlights meiner Kindheit. Ich denke noch heute wehmütig an diese Zeit zurück.

Städtereisen im Rollstuhl

Es ist die Logistik, die unsere Urlaube kompliziert macht. Neben meinem E-Rollstuhl benötige ich für Toilette und Pflege auf jeden Fall auch einen Duschrollstuhl. Die beiden nehmen eine Menge Platz in Anspruch. Zum Glück haben meine Eltern im Lauf der Jahre eine Technik entwickelt, um mich zu zweit ohne Hilfe eines Lifters umzusetzen: aus dem Bett in den E-Rollstuhl, vom E-Rollstuhl in den Duschrollstuhl und wieder zurück und schließlich vom E-Rollstuhl ins Bett. Ansonsten müsste nämlich zusätzlich zu den beiden Rollstühlen auch noch ein Lifter mit in den Urlaub genommen werden, ebenso wie das Beatmungsgerät, an dem ich nachts hänge, und der Hustentrainer. Über ein geeignetes Bett, das ich ja auch benötige, will ich gar nicht erst nachdenken. Ein Luftbett täte es zur Not auch, aber nur zur Not. Ich denke, es wird deutlich, dass in meinem Fall Zelten nicht mehr die ideale Art von Urlaub ist. Also ist das Thema abgehakt.

Strandurlaube oder Urlaube in den Bergen üben auf mich längst nicht den Reiz aus, wie auf andere Menschen. Das liegt vor allem am Rollstuhl. Er wiegt mit mir über 200 Kilogramm. Damit kann man nicht mal einen Meter über den Sandstrand fahren. Außerdem, was soll ich dort? Anderen beim Schwimmen zuzuschauen, während ich in meinem Rollstuhl unter dem Sonnenschirm sitze, ist auf Dauer langweilig. Das gleiche gilt auch für die Berge. Ich könnte zwar über irgendwelche asphaltierten Wege fahren, um an irgendeinem Aussichtspunkt den Blick auf die Bergwelt zu genießen, aber das ist vielleicht etwas für einen Sonntagsausflug. Mit dem Rollstuhl auf Wanderpfaden die Hänge hinauf funktioniert jedenfalls nicht. Nein, die Berge sind nichts für mich. Ich brauche Action. Und die gibt es in der Regel in größeren Städten.

Für die Wahl der Stadt gibt es zwei Kriterien: Zum einen muss sie mit der Bahn oder dem Auto innerhalb eines Tages erreichbar sein. Barcelona käme zum Beispiel nicht in Frage. Erstens, weil wir unterwegs übernachten müssten. Ich kann unmöglich 15 Stunden un-

unterbrochen im Rollstuhl im Auto sitzen. Zweitens müssten wir ein behindertengerechtes Hotel finden, am besten unweit der Autobahn, mit einem großen 3-Bett Zimmer und idealerweise mit Rollstuhl-befahrbarer Dusche. Die gibt's natürlich auch in Frankreich, aber die liegen in der Regel nicht an der Autobahn. Ein wirklich geeignetes Hotel zu finden, ist nicht so einfach, wie man sich das vielleicht vorstellt. Das zweite Kriterium ist die Stadt an sich. Sie sollte groß genug sein, um sich mindestens eine Woche nicht zu langweilen.
München, Berlin und Hamburg erfüllen diese Kriterien. Und obwohl sie unterschiedlicher nicht sein können, so haben sie doch eines gemeinsam: sie sind groß, lebendig und strahlen alle ihren eigenen Charme aus.

München

Das beste Wetter hatten wir bisher in München. Immerhin liegt München im Vergleich zu Hamburg 600 km und im Vergleich zu Berlin 500 km weiter südlich. Das macht einen Unterschied. Wobei wir auch in Berlin und Hamburg noch nie so richtig Pech mit dem Wetter hatten. Wenn das Wetter mitspielt, ist ein Urlaub gleich viel entspannter, vor allem, wenn man mit dem Rollstuhl unterwegs ist, da die Elektronik der Rollstuhlsteuerung vor Regen geschützt werden muss.
München ist keine Weltstadt wie New York, London, Paris oder auch Berlin und hat auch nicht deren internationales Flair. Aber München ist auch kein verschlafenes bayerisches „Städtchen", sondern hat eine ganze Menge zu bieten. München ist weitläufig, hat breite Straßen, schöne Plätze und große Parks wie den Englischen Garten. Es gibt viele Museen, darunter das Deutsche Museum, das ich bei jedem meiner Aufenthalte in München besuche. München ist eine Mischung aus Moderne, Geschichte und Tradition. Bei schönem Wetter kann man die Zeit in wunderschönen Biergärten genie-

ßen. Meine Lieblingsbiergärten sind der Augustiner-Keller an der Arnulfstraße, 10 Minuten Fußweg vom Bahnhof entfernt, gefolgt vom Königlichen Hirschgarten. Beide sind Münchener Aushängeschilder für Tradition und typisch regionale Speisen und Getränke. In Sachen Übernachtung ist es auch in München nicht einfach, ein passendes Hotel zu finden. Aber es gibt sie. Eines, das ich wirklich sehr empfehlen kann, ist das Mercure Hotel München City Center, an der Senefelderstraße 9. Es verfügt über ein sehr großes Zimmer mit drei Betten und ein barrierefreies Bad mit Rollstuhl-befahrbarer Dusche. Das Frühstück ist sehr gut und die Lage fast perfekt. Das Hotel liegt im Bahnhofsviertel, und Bahnhofsviertel haben ja ihren eigenen „Charme", aber dafür ist es auch keine 200 Meter vom Bahnhof entfernt. Das bedeutet, man kann bequem mit der Bahn anreisen, was wir in der Regel auch tun. Auch das U-Bahn-Netz von München ist sehr gut. Man kommt schnell und unkompliziert in jeden Winkel der Stadt (wenn nicht gerade am Knotenpunkt Marienplatz größere Bauarbeiten stattfinden, wie wir es schon zweimal erlebt haben).

Hamburg

Hamburg ist ganz anders als München. Anders schön. Hamburg hat Wasser, viel Wasser. Da sind nicht nur die Elbe und der Hamburger Hafen mit den Landungsbrücken, eine ehemalige Anlegestelle für Dampfschiffe mit viel Gastronomie und Touristenshops. Auch die Binnenalster, ein künstlicher See mit riesigem Springbrunnen, die Außenalster, das Endstück eines 50 km langen Flusses und ein Hotspot für Segler, oder die zahlreichen Kanäle machen Hamburg zu etwas Einzigartigem. Hamburg hat auch eine interessante Architektur, die sich einfügt in die weit zurückreichende Geschichte als Hansestadt. Wenn man an den Landungsbrücken steht und den großen Pötten hinterherschaut, da macht sich auch ein bisschen Fernweh breit. Von hier geht's in die weite Welt.

Hamburg hat aber noch eine andere Seite, die nicht weniger bekannt ist als Hafen, Elbphilharmonie und Speicherstadt: Den Kiez und die Reeperbahn. Wer auf diese Art von Sub-Kultur steht, für den ist Hamburg ein Paradies. 2019 hatte ich das Glück, von einem in der Szene bekannten Koberer und zugleich Bekannten einer guten Freundin über den Kiez geführt zu werden. Ein Koberer ist jemand, der die über die Seitenstraßen der Reeperbahn schlendernden Touristen mit provokanten, aber lieb gemeinten Sprüchen in die verschiedenen Etablissements zu locken versucht. Ich war also mit einem Insider unterwegs, der nicht nur bekannt war wie ein bunter Hund, unzählige Geschichten und Anekdoten zu erzählen hatte, sondern der mich auch mit seinem Kumpels bekannt gemacht hat. Es war eine ganz besondere Erfahrung, an die ich oft und gerne zurückdenke.

Fabian (links) und seine Kumpels von der Großen Freiheit. Ich hatte die Ehre, von ihm in einer Privattour über den Kiez geführt zu werden.

Allerdings gibt es auch einen Wermutstropfen. Als Stadt am Wasser hat Hamburg auch mit Sturmfluten und Überschwemmungen zu rechnen. Die Eingänge vieler, vor allem älterer Häuser, befinden sich drei bis vier Stufen über Straßenniveau. Darunter sind auch viele Restaurants, die für Rollstuhlfahrer wie mich deshalb unerreichbar sind. Auch sind längst nicht alle Bordsteine abgesenkt, so dass man oft hunderte von Metern Umwege fahren muss, bis man eine Absenkung gefunden hat. Auch Hamburgs U-Bahn-Netz ist mit dem von München oder Berlin nicht zu vergleichen. In Hamburg fährt man als Rollstuhlfahrer:in besser mit dem Bus, wenn man größere Strecken zurücklegen muss.

Berlin

Last but not least ist da natürlich Berlin. Berlin ist speziell. Speziell aufgrund seiner Geschichte. Der Kalte Krieg, die ehemalige DDR und die Mauer sind in der Stadt allgegenwärtig. Berlin ist vielseitig. Ich habe bei meinen Aufenthalten drei der 12 Stadtbezirke näher kennen- und lieben gelernt. Jeder von ihnen hat einen ganz speziellen Charme.

Im Bezirk Mitte findet man die meisten und die bekanntesten Sehenswürdigkeiten: das Brandenburger Tor, den Fernsehturm, den Gendarmenmarkt – ein wunderschöner historischer Markplatz – und den Potsdamer Platz, ein wichtiger Verkehrsknotenpunkt mit einer Ansammlung moderner Gebäude, in denen sich viele gute Restaurants befinden.

Ein besonders bunter Bezirk ist Friedrichshain-Kreuzberg. Der Szene-Bezirk ist multikulturell geprägt und lockt mit Bars, Cafés und Trödelläden. Es gibt dort einiges zu entdecken, darunter die East Side Gallery, eine Open-Air-Galerie an dem längsten noch erhaltenen Teilstück der Berliner Mauer, oder das Mauermuseum am Checkpoint Charlie. An der Warschauer Brücke im Bezirk Friedrichshain-Kreuzberg befindet sich das RAW-Gelände, ein riesiges, 52.000 m^2 großes Areal, dessen Eigentümer die Deutsche Bahn war (RAW steht für Reichsbahnausbesserungswerk). RAW ist ein alternatives Kulturprojekt mit vielen Clubs, Restaurants, Hallen zum Indoor-Klettern, einem Kulturzentrum und einem Flohmarkt, der jeden Sonntag stattfindet. Muss man gesehen haben.

Auch der Bezirk Neukölln hat sich in den letzten Jahren zu einem Szene-Stadtteil mit großer Kunst- und Kulturszene, vielen Galerien, Cafés und Kneipen entwickelt. Wer auf internationale Leckereien steht, wird hier fündig.
Was die Unterbringung angeht, kann ich das Hotel Grenzfall an der Ackerstraße, Ecke Bernauer Straße empfehlen. Es liegt in unmittelbarer Nähe zur Gedenkstätte Berliner Mauer, dem zentralen Erinnerungsort an die deutsche Teilung, der sich auf 1,4 km Länge entlang der Bernauer Straße über den ehemaligen Grenzstreifen erstreckt.
Das Hotel ist barrierefrei, alle Zimmer sind mit dem Aufzug erreichbar. Die 16 sogenannten Klassikzimmer sind 20 m^2 groß und verfügen über eine bodenebene Dusche. Vier dieser Zimmer sind speziell an den Bedürfnissen von Rollstuhlfahrer:innen ausgerichtet und entsprechen der DIN 18025-1. Das Bad ist bei ihnen deutlich größer als bei den anderen Zimmern.
Das Berliner U-Bahn- und S-Bahn-Netz ist ein Traum. Aufzüge für Rollstuhlfahrer gibt es gefühlt an jeder zweiten Straßenecke. Was ich wärmstens empfehlen kann, ist übrigens die Anschaffung einer leichten, robusten und faltbaren Rampe aus Kohlefaser, die man an den Rollstuhl hängen kann, um Hindernisse zu überbrücken, wie beispielsweise den Spalt zwischen Bahnsteig und Waggon. Zugegebenermaßen sie sind nicht ganz billig, aber für einen Stadturlaub eigentlich unerlässlich.

New York

Um es gleich vorwegzunehmen: An New York kommt – mit großem Abstand – keine Stadt heran, zumindest keine, die ich kenne (zugegebenermaßen sind das nicht so viele). New York ist anders, unvergleichlich, eine andere Welt. Ich wollte unbedingt einmal im Leben dorthin. Im August 2011, während der Sommerferien, war es soweit. Wir flogen nach Big Apple!

Mit den Planungsvorbereitungen hatten meine Eltern bereits ein Jahr zuvor begonnen. Mit einem Sohn, der in einem 150 kg schweren, sperrigen E-Rollstuhl sitzt, fliegt man nicht mal eben Last Minute über den Atlantik, wie ihr euch sicherlich vorstellen könnt. Die Logistik dieser Reise war eine echte Herausforderung. Das begann schon mit der Frage, wann wir fliegen würden. Eigentlich ist der August für einen Urlaub in New York nicht der ideale Monat. Tagsüber erreichen die Temperaturen dort locker 30° Celsius und mehr. Entweder steht die Luft an Tagen mit wenig Wind und – als sei das nicht genug – die Wolkenkratzer strahlen zusätzlich noch eine unerträgliche Hitze ab, oder aber es weht ein heißer fönartiger Wind durch die Straßenschluchten, was auch nicht besser ist. Wem Hitze nichts ausmacht und sie vielleicht sogar mag, der wird im August nicht enttäuscht werden. Wer es lieber ein wenig kühler aber immer noch warm haben möchte, der sollte im Juni nach New York reisen. Tatsächlich war ich in beiden Monaten schon einmal in New York, einmal im August 2011 und dann noch einmal im Juni 2013. Ich werde euch hier ein wenig von meinen gesammelten Erfahrungen während dieser beiden jeweils 10-tägigen Aufenthalte in New York erzählen.
Die erste Frage, die sich meinen Eltern stellte, betraf den Abflug- sowie den Zielflughafen. 2011 konnte man entweder Nonstop von Düsseldorf nach Newark fliegen oder aber von Frankfurt nach John F. Kennedy International Airport, kurz JFK. Da wir nur knapp 30 km vom Düsseldorfer Flughafen entfernt wohnen, bot es sich natürlich an, von dort zu fliegen und sich den zusätzlichen Aufwand einer mindestens zweistündigen Autofahrt nach Frankfurt zu ersparen.
Die Strecke Düsseldorf-Newark hat aber gegenüber der Strecke Frankfurt-JFK noch einen anderen, entscheidenden Vorteil. Obwohl der Flughafen Newark nicht im Bundesstaat New York liegt, sondern im südlich angrenzenden Nachbarstaat New Jersey, ist es viel einfacher, von dort aus nach Manhattan zu kommen als von JFK aus, der am entfernten Ende der Insel Long Island liegt und eine

Fahrt durch den riesigen Stadtteil Brooklyn erfordert, um nach Manhattan zu gelangen.
Newark liegt von Manhattan aus gesehen Luftlinie etwa 16 km entfernt auf der anderen Seite des Hudson Rivers (wo der Pilot Chesley Sullenberger im Januar 2009 einen Airbus der Airline US Airways nach Ausfall beider Triebwerke in einer fliegerischen Meisterleistung notgewassert und alle 150 Passagiere gerettet hat). Von dort aus gelangt man mit dem Amtrak-Zug innerhalb von nur 45 Minuten direkt ins Herz von Manhattan, zum Bahnhof Penn Station, der unterhalb der runden Madison Square Garden Veranstaltungshalle in Midtown an der Ecke 8. Avenue, 33. Straße liegt. Einfacher geht's nicht.
Klugerweise hatten meine Eltern ein Zimmer in einem Hotel gebucht, das in unmittelbarer Nähe zur Penn Station liegt und über mehrere geräumige Doppelzimmer für Rollstuhlfahrer:innen mit Begleitung verfügt. Das New Yorker Hotel befindet sich an der Ecke 8. Avenue, 34. Straße, in einer Sichtlinie mit dem Empire State Building und keine 800 m von diesem entfernt. Ein wirklich tolles Hotel, in unschlagbarer Lage.
Doch nochmal zurück zum Flug. Es ging also von Düsseldorf aus nach New York. Beim Planen des Fluges hatten sich meine Eltern mit dem Mobilitätsservice der Lufthansa in Verbindung gesetzt, um sich darüber zu informieren, was bei einer Reise mit E-Rollstuhl so alles zu beachten ist. Vor allem ging es um die Fragen, wie mein E-Rollstuhl in den Frachtraum gelangt, auf welchem Rollstuhl ich in der Zwischenzeit Platz nehme und wie ich zu guter Letzt ins Flugzeug komme.
Wir mussten den Rollstuhl drei Stunden vor Abflug als Sperrgepäck abgeben. Nachdem man mich auf einen Ersatzrollstuhl umgesetzt hatte, wurde mein Permobil C500 gründlich untersucht und durchleuchtet. Ganz wichtig ist es, Werkzeug dabei zu haben, um die beiden Batterien vom Stromkreislauf des Rollstuhls abzuklemmen.
Wir passierten anschließend die Security und gingen dann in Richtung Gate. Geschoben wurde ich von einem Flughafen-Mitarbeiter.

Am Gate mussten wir dann eine Stunde warten, bis das Boarding losging. Ich war der erste, der an Board ging. Ich wurde erneut umgesetzt, und zwar diesmal auf einen sehr schmalen Kabinenrollstuhl, der gerade so breit war, dass er durch den schmalen Gang zwischen den Sitzreihen des Fliegers passte. Mit ihm wurde ich an meinen Sitzplatz gerollt und dort von meinen Eltern auf einen der für uns reservierten Sitzplätze umgesetzt. Der Mobilitätsservice hatte dafür gesorgt, dass wir eine Sitzreihe unmittelbar hinter einer Trennwand hatten. Diese hatte etwas mehr Beinfreiheit, so dass es für meine Eltern etwas leichter war, wenn sie mir halfen. Der Flug dauerte gut 10 Stunden und verlief bis auf die Tatsache, dass ich einmal pinkeln musste (die Stewardessen halfen, indem sie einen Vorhang hielten, um mich vor den Blicken anderer Passagiere zu schützen), unspektakulär. Trotzdem tat mir der Hintern weh. In Newark angekommen wurde ich mit dem Kabinenrollstuhl diesmal als letzter Passagier aus dem Flugzeug gerollt. Man setzte mich wieder in einen Behelfsrollstuhl und zeigte uns, wo wir unser Gepäck und meinen E-Rollstuhl entgegennehmen konnten.

Meine Eltern und ich beteten, dass dieser während des Fluges nicht beschädigt wurde und wir schlimmstenfalls direkt unsere Rückreise hätten antreten müssen. Wer repariert in New York schon einen Permobil C500, bei dem beispielsweise während des Fluges im Frachtraum die elektronische Steuerung abgebrochen war. Und wie sollten wir zu einem Reparaturservice z. B. mitten in Brooklyn gelangen, falls es denn einen solchen überhaupt gibt und er über das passende Ersatzteil verfügt? Mit solchen Gedanken beschäftigte sich mein Vater den ganzen Flug über. Zum Glück hatte der Rollstuhl den Flug jedoch unbeschadet überstanden und wir machten uns nach Passieren der Security mit unserem Gepäck in Richtung Bahnhof auf. Einer unserer Koffer beinhaltete übrigens einen zerlegbaren Duschrollstuhl, einen solchen stellte das Hotel nämlich nicht zur Verfügung.

Nach einer zwanzigminütigen Fahrt mit einem Airtrain erreichten wir den Amtrak-Bahnhof, kauften die Tickets für die Fahrt nach

New York und gingen zum Bahnsteig, wo wir an einer speziell gekennzeichneten Stelle für Rollstuhlfahrer:innen auf den Zug warteten. Als dieser schließlich einfuhr und hielt, stieg ein Schaffner aus und stellte eine Rampe auf, über die ich in den Waggon rollte. 40 Minuten später waren wir in Manhattan.
Ich vergesse niemals den Moment, als wir aus der Penn Station auf die Straße traten. Es war heiß und um den Himmel zu sehen, mussten wir unsere Köpfe in den Nacken legen und senkrecht nach oben schauen. Wir standen vor einem Wolkenkratzer, der nicht nur hoch, sondern auch breit war und den Großteil unseres Gesichtsfeldes bedeckte. So etwas hatten wir drei nicht nur noch nie gesehen, sondern es uns so gewaltig auch nicht vorgestellt. Nachdem unsere freudige Erregung abgeklungen war, machten wir uns in Richtung Hotel auf, das keine 5 Minuten Fußweg entfernt auf uns wartete.
Ich weiß nicht, wie viele Kilometer meine Eltern und ich in den 10 Tagen, die wir in New York waren, zu Fuß bzw. im Rollstuhl zurückgelegt haben, aber es waren etliche. Alleine zweimal sind wir von der südlichen Spitze Manhattans, dort, wo die Fähre nach Staten Island und zur Freiheitstatue ablegt, bis nach Midtown marschiert bzw. gefahren, um den Stadtteil Manhattan sozusagen der halben Länge nach kennenzulernen (und das auch nur entlang einer Avenue). Das geht nicht nur in die Beine, sondern auch auf die Batterie. Apropos Batterie: Spannungsumwandler für das Ladegerät und Steckdosen-Adapter nicht vergessen!
Dass New York den Spitznamen „The City that never sleeps“ trägt, kann ich gut nachvollziehen. Selbst nachts um 3 Uhr ging mindestens einmal pro Minute irgendwo in der Nähe die Sirene eines Polizei-, Feuerwehr- oder Krankenwagens.
Was mich an New York wirklich am meisten erstaunt hat, ist die Tatsache, dass man sofort zum New Yorker wird, sobald man aus dem Hotel kommt und auf die Straße geht. In New York laufen so viele Menschen unterschiedlichster Ethnien rum, dass man als Tourist sofort in der Menge aufgeht, mit ihr verschmilzt und von anderen für einen New Yorker gehalten wird.

Erstaunlich ist auch, wie leicht man sich in New York zurechtfindet. Manhattan ist in die drei Abschnitte Downtown, Midtown und Uptown unterteilt. Downtown liegt südlich vom Union Square. Midtown beginnt nördlich davon und reicht bis zur 59th Straße. Uptown ist alles nördlich der 59th Straße, etwa ab Höhe Central Park. Die Straßen sind nach einem Gittersystem angelegt. Straßen (Streets) verlaufen waagerecht von Ost nach West und Alleen (Avenues) senkrecht von Nord nach Süd. Die Fifth Avenue teilt New York in West (W) und Ost (E). Das Gebäude 150 E 34th liegt also östlich Fifth Avenue auf der 34. Straße und hat die Hausnummer 150.
Ich habe in der folgenden Tabelle einmal die wichtigsten Sehenswürdigkeiten zusammengefasst. Die Liste hatte mein Vater seinerzeit bei der Vorbereitung der ersten Reise erstellt.

Lage	Sehenswürdigkeit
Hafen Downtown	Staten Island Ferry
Battery Park & Robert F. Wagner Park Downtown, Südspitze Manhattan	Grünfläche, die auf dem Aushub des Word Trade Centers angelegt wurde
Museum of Jewish Heritage Downtown, Battery Park	Holocaust Museum
South Street Seaport Downtown zwischen Water Street und East River	Wunderschönes, denkmalgeschütztes Viertel
Wall Street Zwischen Wall Street, Exchange Place und Broad Street	Finanzzentrum
Federal Hall National Memorial Building Downtown, Wallstreet	Erstes Kapitolgebäude der Vereinigten Staaten von Amerika

Wenn eine Stadt eine Reise wert ist, dann ist das für mich New York. Die Stadt hat so viele Facetten und es gibt so viel Neues zu entdecken! Das Besondere an New York ist auch, dass man automatisch zum New Yorker wird, sobald man aus dem Hotel auf die Straße tritt. Man geht sofort in der Menschenmenge auf und verschmilzt mit den unzähligen Ethnien, die in Big Apple leben.

Lage	Sehenswürdigkeit
Trinity Church Downtown	Eine der bekanntesten Kirchen New Yorks
World Financial Center Downtown, Südspitze Manhattan	Gebäudekomplex, der bei den Anschlägen vom 11. September 2001 schwer beschädigt wurde
Newspaper Row Östlich des City Hall Parks	Zeitungsmeile
Brooklyn Bridge Downtown	Kombinierte Hänge- und Schrägseilbrücke und eine der ältesten Hängebrücken dieser Bauart in den USA
Civic Center Südlich von Chinatown, östlich vom Broadway, westlich des East Rivers	Gerichts- und Verwaltungsbezirk
Tribeca Zwischen West Broadway, Canal West und Chambers Street	TriBeCa, ehemals „Lower West Side", Künstlerviertel, beste Restaurants der Stadt (z. B. TriBeCa Grill, Miteigentümer ist Robert de Niro)
Chinatown Südlich Canal Street, zwischen Canal, Baxter, Worth, Park und Bowery Street	Chinatown „Bloody Angle", 1904 berühmter Kampfplatz chinesicher Straßenbanden
SoHo South of Houston Street	Interessante gußeiserne Architektur, viele Antique Shops, interessanteste Läden auf der Prince Street, am West Broadway und auf der Spring Street
Little Italy Zwischen Canal Street und Houston Street	Martin Scorsese und Robert De Niro sind hier aufgewachsen. Traditionsreichstes italienisches Restaurant ist das Puglia in der Hester Street, älteste Pizzeria Amerikas ist Lombardi's (1905)
Lower East Side Zwischen Bowery und Clinton Street, East Houston und Canal Street 205 E Houston Street	Größte jüdische Gemeinde der Welt, früher katastrophale Lebensbedingungen. An die Bedingungen früher erinnert das Tenement Museum in der Orchard Street, etwa 300 Synagogen

Lage	Sehenswürdigkeit
	Katz Delikatessen, berühmtester dem Food verpflichteter Delikatessenladen, kleine Gerichte für großen Hunger: Pastrami Sandwichs. „Harry und Sally" mit Meg Ryan wurde hier gedreht. Serviert werden Burger, Gegrilltes, Salate und die besten Sandwichs der Stadt. Stolz ist man auf Katz's Salami
East Village Nördlicher Teil der Lower East Side, östlich vom Broadway, zwischen 14th und Houston Street	Mitte vergangenes Jahrhundert Ort für Beatniks, verrauchte Jazzkneipen (John Coltrane), später Hippies und Punks. Heute Künstler wie Keith Haring und Jeff Koons. Angesagtestes Areal ist das von den Avenues A, B, C und D gebildete „Alphabet City". Bummel zwischen 3rd Avenue und 13th Street: viele kleine Läden mit billigen CDs und schickem Ramsch. Haare färben, Tattoos stechen
Manhattan Bridge	Führt von Manhattan ins Brooklyner In-Viertel DUMBO („Down Under the Manhattan Bridge Overpass")
Greenwich Village Zwischen 14th und Houston Street, Hudson River und Broadway	Kurz „The Village" genannt. Viele Bäume und verwinkelte Gassen. Erinnert an ein Dorf. Lebendiges Zentrum ist der Washington Square. Bunte Szene fühlt sich hier zuhause. Der Platz vor dem Triumphbogen zieht viele Musiker an. Sex & the City wurde hier gedreht. Im Oktober berühmte „Village Halloween Parade". Viele Schwule und Lesben. Mafia kaufte den Stonewall Inn und errichtete auf der Christopher Street ein Schwulen- und Lesben-Lokal
Union Square Zwischen Broadway und Bowery Street	Beliebter Platz, wo viele Angestellte Mittagspause verbringen, viele Skater und regelmäßige Märkte. Am Union Square West eröffnete Andy Warhol seine „Factory". Heute ist dort ein Buchladen
Madison Square Park Zwischen 5th und Madision Avenue, 23rd und 26th Street	Beliebte grüne Oase im Flatiron District

Lage	Sehenswürdigkeit
Flatiron Building Kreuzung 23rd Street, 5th Avenue und Broadway	Meistfotografierter Wolkenkratzer
Chelsea Zwischen 14th und 30th Street, 6th Avenue und Hudson River	Gehört zu den begehrtesten Wohnvierteln New Yorks. An der 10th Avenue liegt das Empire Diner im Art-Deco Stil. Bette Davis war als Gast oft dort. Chelsea Hotel: Sehr bekanntes Hotel, in dem Musiker, Junkie-Poeten, Filmemacher übernachten: Lennon, Hendrix. Sid Vicious von den Sex Pistols tötete hier seine Freundin Nancy und sich selbst im Drogenrausch. Viele Künstler sind noch immer Dauergäste (23rd Street)
Meatpacking District Zwischen Chelsea Market im Norden und Gansevoort Street im Süden	Viele Metzger hatten hier traditionell ihren Laden. Jetzt Areal für Künstler, Designer und Schriftsteller. Viele Nobelshops. Bekannter Apple-Store. Restaurant wie das Pastis und die Buddha Bar sowie Nightclubs wie Tenjune, One und Cielo
Highline Park Gansevoort Street bis 20th Street	Parkanlage auf einer stillgelegten Hochbahntrasse, 2009 eröffnet
Madison Square Garden 8th Avenue, 34rd Street	Mehrzweckhalle, Heimat der New York Rangers (Eishockey) und der New York Knicks (Basketball). Legendäre Boxkämpfe zwischen Muhammed Ali und Joe Frazier. Legendäres Konzert für Kambodscha von George Harrison. Letztes Konzert von John Lennon. Fasst 20.000 Zuschauer:innen, architektonisch schmucklos
Empire State Building E 34th Street	381 m (449 m mit Antennenmast), 102 Stockwerke, davon 85 Nutzflächen. Aussichtsplattform auf 86. Etage. Mast war ursprünglich für das Anlegen von Luftschiffen gedacht
Morgan Liberty Museum Madison Avenue Ecke 37th Street	Sammlung seltener Bücher und Originalmanuskripte

Lage	Sehenswürdigkeit
New York Public Library Bryant Park, Eingang 5th Avenue	49,5 Millionen Archivalien, darunter 18 Millionen Bücher. Eine der bedeutendsten Bibliotheken der Welt. Gutenberg-Bibel, Brief von Christoph Columbus, handschriftlicher Entwurf der Unabhängigkeitserklärung von Thomas Jefferson. Riesiger Hauptlesesaal. Im Bryant Park findet in den warmen Sommermonaten das Bryant Park Filmfestival statt. Gezeigt werden oft Filmklassiker
Grand Central Terminal Haupteingang E 42nd Street	Größter und geschäftigster Bahnhof der Welt. Eröffnet 1913, im Beaux-Art-Stil gebaut. Dort befindet sich die Grand Central Oyster Bar mit dem frischesten Seafood Manhattans
Chrysler Building	War mit 319 Metern Höhe das höchste Gebäude der Welt, wurde später vom Empire State Building übertrumpft
United Nations Headquarter Steht auf internationalem Territorium am Ufer des East River	Ehemaliges Schlachthofviertel, wurde von John D. Rockefeller gekauft und den Vereinigten Nationen geschenkt. Erbaut 1947 bis 1950
Trump World Tower United Nations Plaza	Eines der höchsten Wohnhäuser der Welt. 50-Quadratmeter-Wohnungen kosten 875.000 Dollar, 500 Quadratmeter (7 Bäder, 6 Schlafzimmer) 12.400.000 Dollar. Sophia Loren wohnt hier
Park Avenue Zwischen Union Square und Harlem River	Ursprünglich 4th Avenue genannt. Hier ballen sich mehr Hotels und Büros (ca. 3 Millionen Arbeitsplätze) als sonst auf vergleichbarem Raum. Einige Wolkenkratzer haben Architekturgeschichte geschrieben (Mutual of Amerika Building, 320 Park Avenue; Helmsey Building, 230 Park Avenue)
Waldorf-Astoria Hotel Park Avenue	Wurde 1931 eingeweiht und war damals das größte Hotel der Welt. Eines der interessantesten Art-Deco-Gebäude der Stadt. In der Lobby steht noch immer Cole Porters Piano. Ist aus zwei Hotels entstanden, darum wird es eigentlich mit Doppel-Bindestrich geschrieben. Gehört heute zur Hilton-Gruppe

Lage	Sehenswürdigkeit
Citygroup District **Sony Tower** 153 East 53rd Street	Citygroup Center ruht auf vier neungeschössigen Pfeilern, die nicht an den Ecken, sondern an der Mitte der Seiten angebracht wurden. Die St. Peter's Church hatte das Gelände nur unter der Auflage an die Citygroup verkauft, eine Kirche unter dem Wolkenkratzer bauen zu dürfen. Als erster Postmoderner Wolkenkratzer gilt der 1984 errichtete Sony Tower
Broadway	„Der Große, Weiße Weg", ehemaliger Indianerpfad, heute berühmteste Straße der Welt. Bekanntester Abschnitt liegt zwischen 41st und 53rd Street
Times Square	Herz New Yorks. Keimfreie Konsumfläche à la Disney World. Gewaltige Shopping-Komplexe und „Themenrestaurants" bestimmen den ehemaligen „Schmuddelplatz". Früher Taschendiebe, Drogendealer und leichte Mädchen. Wurde 2009 in Fußgängerzone umgewandelt (mit Ausnahme der 7th Avenue). Viele Hotdog-Stände. Soll ein Pole erfunden haben, der 1916 seinen ersten Hotdog-Stand aufgemacht hat. Hieraus hat sich eine berühmte Restaurant-Kette gebildet, die seinen Namen trägt: „Nathan's Famous"
Avenue of the Americas	Führt von Little Italy im Süden bis zum Central Park im Norden. Name hat sich nie durchgesetzt. Um die Jahrhundertwende erhielt sie den Beinamen „Fashion Road" wegen der vielen Kaufhäuser, die dort lagen
Intrepid Musuem Pier 86, W 46th Street	Ehemaliger Flugzeugträger USS Intrepid, umgebaut zum Museumsschiff mit historischen technischen Ausstellungsstücken aus dem Bereich der US-amerikanischen Seestreitkräfte, Luftfahrt und Raumfahrt
Fifth Avenue Zwischen 48th und 59th Street	Beginnt am Washington Square in Greenwich Village, führt durch Midtown, am Central Park die Upper East Side entlang bis zum Harlem River

Lage	Sehenswürdigkeit
	Teilt die Straßen Manhattans in East und West. Auf Ihren ersten Kilometern wohnten früher wohlhabende New Yorker Familien (Astor, Forbes, Rockefeller, Vanderbilt). Erhielt damals den Beinamen „Millionaire's Row". Flagship-Stores bekannter Marken wie Apple (767 Fifth Avenue), Armani, Cartier, Chanel, Escada, Prada, Tiffany und Versace
Rockefeller Center Zwischen 47thn und 50th Street	Riesiger Wolkenkratzer-Komplex von hochkarätigem Architektenteam in den 1930er Jahren errichtet. Büros, Fernsehstudios, Restaurants und Läden. Im Zentrum steht das 1933 fertiggestellte GE-Building. Zu General Eletric gehört auch der Sender NBS, dessen „Todays"-Show jeden Morgen zwischen 7.00 und 9.00 Uhr in einem der Studios über die Bühne geht. Im GE-Building befindet sich die Aussichtsplattform „Top of the Rock", die sich über drei Etagen erstreckt (67., 69., 70. Etage). Von der 70. hat man einen freien Blick auf das umliegende Midtown Manhattan
Radio City Music Hall Rockefeller Center	Gehört zum Rockefeller Center. Entertainment-Komplex, 1932 eröffnet. Heute vor allem Livebühne für aktuelle Rock- und Popgrößen
Museum of Modern Art 11 W 53rd Street	Beherbergt auf einer Fläche von 58.000 m^2 eine der weltweit bedeutendsten und einflussreichsten Sammlungen moderner und zeitgenössischer Kunst
Trump Tower Fifth Avenue/Ecke 56th Street	202 Meter hoher, 1983 vollendeter Glaspalast
Carnegie Hall 881 7th Avenue	Eines der berühmtesten Konzerthäuser der Welt
Bloomingdale's 3rd Avenue zwischen 59th und 60th Street	Konsumententempel

Lage	Sehenswürdigkeit
Central Park	4 km langer und 800 m breiter Stadtpark im Zentrum Manhattans
Metropolitan Museum of Art Central Park	Größtes Kunstmuseum der USA, in Besitz bedeutender kunsthistorischer Sammlungen
Whithney Museum of American Art 99 Gansevoort Street	Sammlungen amerikanischer Kunst des 20. und 21. Jahrhunderts
Solomon R. Guggenheim Museum 1071 5th Avenue	Berühmtes Museum für moderne Kunst
East Harlem Östlich der 5th Avenue zwischen 96th und 125th Street	Größte Latinogemeinde New Yorks
Lincoln Center for the Performing Arts Zwischen Columbus und Amsterdam Avenue, zwischen 62nd und 66th Street	Bedeutendstes und bekanntestes Kulturzentrum von New York
American Museum of Natural History Central Park, 77th Street	Eines der größten Naturkundemuseen der Welt. Gewaltige Dinosaurier-Skelette, Blauwal-Skelett
Harlem	Berühmteste schwarze Neighborhood der USA. Viele berühmte Jazz-Clubs (Lenox Lounge, mittlerweile dauerhaft geschlossen) besonders am Sugar Hill
125th Street	Harlem's Lebensader
Apollo Theater 125th Street, Harlem	Hier wurden viele Künstler berühmt: Aretha Franklin, James Brown, Marvin Gaye, Jackson Five. Andere wie die Beatles und Elvis traten hier oft auf

DAS BALTHASAR

Die Geschichte der Hospizbewegung

Der Begriff „Hospiz" kommt vom lateinischen Wort „hospitium", was sowohl mit „Herberge" als auch mit „Gastfreundschaft" übersetzt werden kann. Hospize sind Unterkünfte, in denen Menschen mit einer lebensverkürzenden Erkrankung jederzeit willkommen sind.[1]

Die Grundsteine der Hospizarbeit wurden in Großbritannien gelegt. Begründerin der modernen Hospizbewegung war die englische Krankenschwester, Sozialarbeiterin und Ärztin Cicely Saunders. Sie gründete 1967 mit dem St. Christopher's Hospice das erste Erwachsenenhospiz weltweit. Es gilt bis heute als Vorbild für die Palliativmedizin.[2]

Das oberste Ziel von Hospizen ist, die Lebensqualität sterbender Personen zu verbessern und zu versuchen, eine familiäre Umgebung zu schaffen, in der die Menschen würdevoll und schmerzfrei leben und sterben dürfen.[3]

1 Deutscher Hospiz- und PalliativVerband e.V.; www.dhpv.de/themen_hospiz-idee.html.
2 St. Christopher's; www.stchristophers.org.uk/about/damecicelysaunders.
3 Pete Smith; www.aerztezeitung.de/Panorama/Lachen-trotz-aller-Leiden-299204.html.

„Es geht nicht darum, dem Leben mehr Tage zu geben, sondern den Tagen mehr Leben."[4] So lautet das berühmte Zitat der britischen Krankenschwester, Sozialarbeiterin und Ärztin Cicely Saunders (1918-2005). Saunders gilt heute als Pionierin der Palliativmedizin und Begründerin der modernen Hospizbewegung.

Quelle: Wikipedia

Cicely Saunders' ganzheitlicher Ansatz beschreibt die Pflege von sterbenden Personen hinsichtlich deren physischen, psychischen und spirituellen Wohlbefindens. Mit diesem Gedanken kennzeichnete sie nicht nur einen Umbruch in der Versorgung von Sterbenden, sondern auch allgemein in der Medizin.[5]

1982 wurde mit dem Helen House in Oxford das erste Kinderhospiz weltweit eröffnet. Namensgeber und Inspirationsquelle für das Haus war das kleine Mädchen Helen, das an einem Hirntumor litt, der zwar operativ entfernt werden konnte, jedoch schwere, irreversible Hirnschädigungen hinterließ. Bereits im Krankenhaus lernte Helens Familie Schwester Frances – Nonne und Kinderkrankenschwester – kennen, zu der sich eine Freundschaft entwickelte. Auch als Helens Eltern ihre Tochter mit nach Hause in ihr bekanntes Umfeld nahmen, blieb die Freundschaft bestehen. Um die Eltern

4 Institut für Palliativpsychologie; www.palliativpsychologie.de/?page_id=1476.

5 St. Christopher's; www.stchristophers.org.uk/about/history.

zu entlasten, betreute Schwester Frances Helen regelmäßig. Daraus wuchs die Idee eines kleinen wohnlichen Hospizes für Kinder.[6] Helen House beschreibt sich als Ort, an dem betroffene Familien mit lebensverkürzend erkrankten Kindern praktische und emotionale Unterstützung in ihrer Erschöpfung und Trauer erfahren.[7]

Im Jahre 1990 wurde von deutschen Familien, deren Kinder an unheilbaren Krankheiten litten, der Deutsche Kinderhospizverein e. V. gegründet. Dieser Verein arbeitet bundesweit und bietet seine ambulante Begleitung für die ganze Familie unmittelbar ab der Diagnose des Kindes an. Bei Gründung des Vereins 1990 war es zunächst das Hauptziel, ein stationäres Kinderhospiz in Deutschland nach englischem Vorbild zu schaffen.

Bau und Betrieb eines solchen Hauses bergen nicht nur große wirtschaftliche Risiken, auch die Leitung dieser sozialen Einrichtungen verlangt viel Erfahrung. So war der Deutsche Kinderhospizverein froh, dass sich 1997 in der Gemeinnützigen Gesellschaft der Franziskanerinnen zu Olpe ein Partner und Träger fand, der die Idee in enger Kooperation umsetzen konnte. Mit deren Unterstützung konnte im September 1998 das erste Kinderhospiz Deutschlands eröffnen: das Kinderhospiz Balthasar.

Aufgrund des medizinischen und medizintechnischen Fortschritts werden die erkrankten Kinder, die noch vor wenigen Jahren aufgrund ihrer Erkrankung im Kindesalter verstarben, heute Jugendliche und junge Erwachsene. Für diese jungen Menschen gab es in Deutschland jedoch keine Hospizeinrichtungen, die den speziellen Bedürfnissen hinsichtlich der Erkrankungen, der psychosozialen Begleitung oder der räumlichen Wünsche entsprachen. Dies änderte sich Anfang 2009, als mit dem Jugendhospiz Balthasar das erste deutsche Hospiz für Jugendliche und junge Erwachsene eröffnet und die Lücke zwischen Kinder- und Erwachsenenhospizen geschlossen wurde.

6 Helen & Douglas House; www.helenanddouglas.org.uk/about-us/our-history.

7 Helen & Douglas House, www.helenanddouglas.org.uk/our-care/helen-house.

Eingang zum Balthasar. Foto: Katrin Menke

Meine Zeit im Balthasar

Den Umstand, dass mein Weg mich einmal in eben dieses Hospiz führen würde, verdanke ich meiner Mutter. Sie erkundigte sich vor Jahren im Internet danach, ob es auch Hospize gibt, die Kinder und Jugendliche begleiten. Als sie fündig wurde, berichtete sie mir davon. Ich sah mir dann ein Video von einer jungen Frau an, die regelmäßig zu Gast im Balthasar war und die ihre Zuschauer:innen per Kamera an ihren Aufenthalten dort teilhaben ließ. Ich hatte sofort das Gefühl, dass das Balthasar ein Ort war, der mir Abwechslung bieten und zugleich meine Eltern ein wenig entlasten würde, so dass die beiden etwas mehr Zeit für sich hätten.

Meine Eltern nahmen Kontakt mit der Einrichtung auf und man vereinbarte ein erstes Kennenlernen vor Ort. Frau Krumm, die damalige Pflegedienstleiterin, begrüßte uns bei unserer Ankunft herzlich. Sie führte uns im Balthasar herum und beantwortete alle unsere Fragen. Schon bei diesem ersten Besuch beeindruckte mich das Balthasar sehr. Am meisten staunte ich über die Atmosphäre, die hier herrschte. Es war alles andere als bedrückend und freudlos, wie ich mir das damals vorgestellt hatte, sondern das genaue Gegenteil. Ich hörte Lachen und spürte eine positive Energie im Haus, die mir fast schon die Sprache verschlug. Hier wollte ich unbedingt hin!

Seit meinem ersten Aufenthalt 2016 bringen mich meine Eltern ins Balthasar. Beim ersten Mal wurden wir von Beate, einer Krankenschwester, empfangen und aufgenommen. Nach dem Aufnahmegespräch verstauten meine Eltern noch meine Sachen in den Schränken meines Zimmers, schlossen Laptop und Fernsehgerät an und fuhren dann nach Hause. Jetzt war ich auf mich selbst gestellt.

Noch am gleichen Tag lernte ich Julian kennen. Julian war ein junger Mann, der so wie ich an Duchenne Muskeldystrophie litt. Er erklärte mir vieles und machte mir so das Ankommen im Hospiz leichter. Trotzdem war ich bei manchen Dingen extrem unsicher, so zum Beispiel beim Umsetzen mit dem Lifter. Ich hatte einfach Angst, nicht ins Bett zu kommen, und musste erst einmal lernen, den Mit-

arbeiter:innen des Balthasars zu vertrauen. Das dauerte aber nicht lange, denn sie sind nicht nur super freundlich und zuvorkommend, sondern sie kennen sich natürlich auch in der Pflege von Schwerstbehinderten bestens aus. Ich, der Neue, war kein Sonderfall.
Das Balthasar stellt für mich einen Rückzugsort dar. Es ist ein Ort, an dem ich mich erhole, an dem die Probleme der Welt draußen bleiben, an dem immer jemand ein offenes Ohr für mich hat. Ein Ort, an dem ich mich traue, Themen anzusprechen, über die ich nicht mit jedem reden würde. Ein Ort, an dem ich nie Angst haben muss, zurückgewiesen zu werden. Ein Ort, wohin ich gehen kann, ob es mir gut oder schlecht geht.

Von der Gewissheit, willkommen zu sein

Ob man als Besucher oder Gast willkommen ist, merkt man relativ verlässlich am Verhalten des Gastgebers. Trägt er oder sie ein Lächeln auf dem Gesicht und öffnet die Arme, dann kann man sicher sein, dass man freudig erwartet wird. Diese Gewissheit habe ich auch, wenn sich bei meiner Ankunft im Balthasar die Tür des Fahrstuhls im Erdgeschoss öffnet. Auf der Wand gegenüber hängt eine Tafel, auf die ein persönlicher Willkommensgruß für den jeweiligen Gast geschrieben steht. Es ist immer wieder ein schönes Gefühl, den eigenen Namen auf dieser Tafel zu sehen. Vom ersten Moment an weiß ich, dass man sich hier freut, mich wiederzusehen.
Das Gefühl, willkommen zu sein und „dazuzugehören“ habe ich nicht immer. Ich glaube, Behinderte sind feinfühliger und beobachten die Reaktionen ihrer Mitmenschen etwas genauer als andere es tun. Menschen mit Behinderungen werden in unserer Gesellschaft zwar wahrgenommen (einen Rollstuhl oder eine Spastik kann man kaum übersehen), aber man spürt immer noch diese unterschwellige Art von Distanz, die durch Unsicherheit hervorgerufen wird. Denn die Auseinandersetzung mit dem Thema Behinderung fällt vielen schwer und macht einem offenbar Angst. Ich wünsche mir

Der Eingangs- und Empfangsbereich des Kinder- und Jugendhospizes Balthasar.

jedenfalls eine Gesellschaft, die Menschen mit Behinderungen völlig normal behandelt. Ich wünsche mir Mitmenschen, deren Gefühle authentisch und nicht gespielt sind.
Früher fühlte ich mich als Außenseiter und mied den Kontakt mit Menschen, die ich nicht kannte. Es war mir oft auch peinlich, andere um Hilfe zu bitten. Das hat sich im Laufe der Jahre zum Glück geändert. Doch nicht nur ich bin mittlerweile viel lockerer geworden, sondern auch mein Umfeld. Ich treffe immer häufiger Menschen, die mit dem Thema Behinderung und mit mir und meiner Erkrankung wirklich entspannt umgehen. Auch bin ich jetzt besser vernetzt als früher und verabrede mich regelmäßig mit anderen jungen Erwachsenen mit Handikap in digitalen Gesprächsrunden, um mich mit ihnen über alle möglichen Themen auszutauschen. Internet sei Dank! Noch vor 40 Jahren war das nicht möglich. Gespräche mit Leidensgenossen sind natürlich leichter zu führen als mit einer Person, die den Blickkontakt mit dir meidet, weil sie befürchtet, man könnte in ihren Augen das Mitleid sehen, das sie eigentlich nicht zeigen möchte. In solchen Situationen fühle auch ich mich unwohl.

Ein wichtiger Schritt

Jeder Mensch freut sich darüber besucht zu werden, denn ein Besuch ist ja ein Zeichen dafür, dass dich jemand wertschätzt und sich die Zeit nimmt, dich zu sehen. Auch ich freue mich über Besuche von Freunden oder der Familie. Wir unterhalten uns dann über dies und das, lachen oft, aber sprechen auch über tiefsinnige Themen und philosophieren dabei schon fast.

Während ein Besuch zuhause zwar schön, aber an sich ja nichts Außergewöhnliches ist, so ziehe ich dann doch den Hut, wenn mich jemand im Balthasar besuchen kommt, der noch nie zuvor in einem Hospiz war. Vor allen Dingen dann, wenn man jemandem einen Besuch abstattet, der im Sterben liegt. Die Auseinandersetzung mit dem Tod ist nicht jedermanns Sache.

Ich habe Verständnis dafür, dass es jemandem schwerfällt, ein Hospiz zu betreten. Die erste Assoziation, die man bei dem Wort „Hospiz" hat, ist der Tod. Wir Menschen tendieren dazu, uns erst dann mit Dingen wie dem Tod zu beschäftigen, wenn wir direkt oder in-

Schon im Eingangsbereich wird deutlich, an welch besonderem Ort sich die Besucher:innen befinden.

direkt betroffen sind. In unserer Gesellschaft ist er immer noch ein Tabu-Thema, das man ausblendet. Doch in einem Hospiz wie dem Balthasar gibt es diese Trennung zwischen Leben und Tod, zwischen Lachen und Weinen nicht. Nicht umsonst ist das Motto der Einrichtung „Leben und Lachen - Sterben und Trauern".

Spuren hinterlassen

Möchte nicht jeder Mensch Spuren hinterlassen? Im Kinder- und Jugendhospiz Balthasar gehört das wie selbstverständlich dazu. Bei ihrem ersten Aufenthalt im Balthasar hinterlassen die erkrankten Kinder einen Hand- oder Fußabdruck auf einer Wand. Die Abdrücke sind so bunt und vielfältig wie die Kinder selbst – ein außergewöhnliches „Gästebuch" und für viele Familien ein wertvoller Ort der dauerhaften Erinnerung.

Für die erkrankten Jugendlichen und jungen Erwachsenen gibt es im Jugendhospiz eine Spirale, an der sie ihre Namen eintragen kön-

Die Hand- und Fußabdrücke sind eine dauerhafte Erinnerung an die jungen Gäste.

nen. Eine tolle Idee, finde ich. Denn wer möchte nicht, dass etwas von ihm bleibt? Mir bedeutet zum Beispiel dieses Buch sehr viel. Vielleicht hinterlasse ich mit ihm Spuren, vielleicht aber auch nicht. Meine Gedanken, die ich hier zu Papier bringe, werden die Welt nicht verändern, aber vielleicht helfen sie ja jemandem, regen ihn zu etwas an oder bauen ihn sogar auf.

Den Moment genießen

Bei meinen Aufenthalten im Balthasar suche ich mindestens einmal den Snoezelen-Raum auf, um dort unter Anleitung einer Mitarbeiterin zu entspannen. Mir fällt es schwer, mich ohne Anleitung in einen solchen Modus zu versetzen. Entspannend ist für mich vor allem das Spüren meines eigenen Atems. Indem ich meine Gedanken auf den Rhythmus und das Geräusch beim Ein- und Ausatmen fokussiere und wenn dabei im Hintergrund leise Musik läuft, schalte ich ab und genieße den Moment.

Der Snoezelen-Raum ist ein idealer Ort zum Entspannen.

Snoezelen

Das Wort „Snoezelen" – man spricht es „Snuselen" aus – ist eine Wortneuschöpfung aus den zwei niederländischen Wörtern „snuffelen" (deutsch: schnüffeln, schnuppern) und „doezelen" (deutsch: dösen, schlummern). Der Snoezelenraum ist ein Sinnes- und Wohlfühlraum. Ein großes Klangwasserbett, ein Sternenhimmel, eine Wassersäule und ein Lichtervorhang in warmen Farben, ein Flüssigkeitsprojektor, meditative Musik und Aromadüfte laden dazu ein, in eine andere Welt einzutauchen. Dabei werden diese besonderen Elemente immer an die individuellen Bedürfnisse der Gäste angepasst. In Abhängigkeit von den ausgewählten Lichteffekten, Klängen und Aromen wirken die Sinnes- und Wahrnehmungsangebote beruhigend oder aktivierend.

Übrigens: Diese Weihnachtskarte habe ich 2020 am PC für das Balthasar entworfen.

Solltet ihr irgendwann einmal im Balthasar sein, dann kann ich euch nur ans Herz legen, Ruth anzusprechen. Ruth ist Krankenschwester und Naturheilkundlerin, die das Heilverfahren der Akupressur beherrscht. Bei unseren Sitzungen drückt sie bestimmte Punkte an meinem Körper, vor allem am Hals und Nacken, was unglaublich entspannend ist. Kann ich jedem nur empfehlen!
Wie ich mich noch gerne entspanne? Na ja, ich spiele gerne, vor allem am PC. Was mich dabei fasziniert, ist die Möglichkeit, in eine andere Rolle zu schlüpfen. Da kann ich dann sein, wer oder was ich will, und all das machen, was ich im normalen Leben nicht tun kann. Ich tauche dann ab und vergesse meine Sorgen. Es ist Ablenkung und Ventil zugleich. Manche haben dafür wenig Verständnis und fragen sich, wie man so viel Zeit vor dem PC verbringen kann. Dabei vergessen sie aber, dass ich ja vieles nicht kann. Ich kann zum Beispiel keinen Sport als Ausgleich betreiben. Ich bin einfach auf den Computer als Werkzeug und Kommunikationsmittel angewiesen, sowohl im Beruf als auch in meiner Freizeit.

Music was my first love ...

Musik begleitet mich, seitdem ich denken kann. Während viele von euch Musik wahrscheinlich eher nebenbei konsumieren (und dagegen ist überhaupt nichts einzuwenden), fühle und lebe ich Musik. Musik zu hören, ist für mich ein Grundbedürfnis, so wie Essen und Trinken. Ich war gerade einmal ein Jahr alt, da saß ich schon vor der Musikanlage meiner Eltern und lauschte den Klängen und Stimmen, die in meine Ohren drangen. Mein erster Kontakt mit Musik fand schon statt, als ich noch im Bauch meiner Mutter war und sie mir klassische Musik vorspielte. Aus mir ist zwar kein Mozart geworden, aber zumindest bedeutet mir Musik vom ersten Tag an sehr viel.
Das habe ich meinen Eltern zu verdanken. Auch sie lieben Musik. In der Grundschulzeit lief bei mir vor allem Mainstream. Später habe

Auch im „Balthasar" spielt Musik eine große Rolle – im Musikzimmer wird regelmäßig musiziert, zusammen mit einer Musiktherapeutin.

ich mich, beeinflusst durch meinen Vater, für Metal und Rock interessiert. Erst vor Kurzem hatten wir uns alte Videoaufnahmen aus meiner Kindheit angeschaut. Auf einem Video lief im Hintergrund das Stück Perry Mason, ein Metal-Klassiker von Ozzy Osbourne. Ich hatte das Lied seitdem nicht mehr gehört, aber fühlte mich bereits nach den ersten Takten sofort in diese Zeit zurückversetzt.
Ich würde gerne selber Liedtexte schreiben, habe mich aber bisher nicht getraut, obwohl ich glaube, dass ich das könnte. Meine Texte wären politisch und würden Themen ansprechen wie soziale Ungerechtigkeit, die Situation und Ausgrenzung von Minderheiten, Menschen mit Beeinträchtigung, anderer Sexualität, Religion oder Hautfarbe. Ich finde, dass unsere Gesellschaft hier noch gewaltigen Nachholbedarf hat. In letzter Zeit höre ich vor allem amerikanischen Rap, der politisch angehaucht ist und diese Missstände ebenfalls thematisiert.
Musik begleitet mich durch schlechte und gute Zeiten. Das Genre, das ich in einer bestimmten Situation bevorzugt höre, hängt oft von meiner momentanen Gefühlslage ab. Bei schlechter Laune höre ich am liebsten Rock- und Metal-Bands wie Slipknot. Wenn Menschen

ohne Behinderung wütend sind, dann können sie sich abreagieren, indem sie sich zum Beispiel körperlich verausgaben. Ich kann das nicht. Meine Art, Druck abzulassen, ist die passende Musik zu hören. Musik ist also eine Art Ventil für mich, wie für andere der Sport. Hier eine kleine Auswahl von Liedern, die ich je nach Stimmung oder zu bestimmten Gelegenheiten gerne höre:

Wenn ich mal nicht gut drauf bin	Three little birds von Bob Marley
Während der Autofahrt	Where I'm going? von Kottonmouth Kings
Passt perfekt zu Weihnachten	Run Run Rudolph von Motörhead
Zu Geburtstagen, wann sonst	Happy Birthday von Stevie Wonder
Wenn ich traurig bin und weinen möchte	Bring me to life von Evanescence
Wenn ich zurück in die Kindheit versetzt werden möchte	No Limit von 2 Unlimited oder Coco Jambo

Gemeinsam mit meinen Eltern besuche ich oft Konzerte. Meine Lieblingsband ist die amerikanische Formation Hed PE mit Sänger und Frontmann Jared Gomes. Hed PE machen Cross Over, also Musik quer durch alle Genres. Für jede Gefühlslage ist ein Lied dabei. Die Band belegt deshalb auch viele der oberen Plätze auf meiner persönlichen Playlist.
Ich habe Hed PE und Jared Gomes schon drei Mal live gesehen. Es gibt sogar ein Foto von ihm und mir. Das erste Mal habe ich ihn vor dem Auftritt in Bochum in einem Club im Keller getroffen. Ich hatte mich extra in einen anderen Rollstuhl umsetzen lassen, weil es bestimmt dreißig oder vierzig Stufen hinab in den Keller ging. Direkt als ich unten war, kann mir Jared Gomes entgegen und sah, dass ich ein T-Shirt der Band anhatte. Jetzt habe ich ein Autogramm und sogar ein signiertes T-Shirt.
An ein Musikfestival erinnere ich mich besonders gerne zurück: Rock'n' Heim 2014. Wie der Name vielleicht vermuten lässt, fand das

dreitägige Festival auf dem Hockenheimring statt und das Line-up in jenem Jahr war genau mein Ding. Auf den zwei Bühnen traten sowohl Rockbands auf als auch Bands, die elektronische Musik machten und solche, die für andere, progressive Genres standen.

Wettertechnisch stand das Festival zunächst unter keinem guten Stern. Als wir aus dem Rheinland über die A61 anreisten, fuhren wir auf eine dunkelgraue Wand zu, die den Odenwald schon am Vormittag in düsteres Licht hüllte. Ein Outdoor-Festival bei Starkregen kann für Besucher:innen eine echte Herausforderung sein. Für E-Rollstuhlfahrer:innen ist es allerdings noch etwas dramatischer, denn die elektronische Steuerung ihrer Rollstühle ist sehr empfindlich gegenüber Wasser. Zwar kann man sich und den Rollstuhl mit einem Regenponcho vor Nässe schützen, aber schick finde ich diese Plastikumhänge nicht. Im Gegenteil: Ich finde sie super uncool. Nur wenn es aus Eimern gießt und es wirklich nicht mehr anders geht, ziehe ich einen solchen Umhang über. Kann man an einer Hand abzählen.

Die Laune meines Vaters wurde beim Anblick der Schlechtwetterfront vor uns nicht gerade besser, um es einmal freundlich zu formulieren. Meine Mutter und ich ließen uns die Vorfreude auf die drei vor uns liegenden Tage jedoch nicht verderben. Und wir sollten Recht behalten: Nicht einen einzigen Regentropfen haben wir abbekommen. Während es am ersten Tag des Festivals wahrscheinlich in ganz Baden-Württemberg ausgiebig regnete, hatte sich aller Voraussagen zum Trotz über dem Hockenheimring ein riesiges, stabiles Loch in der dunklen Wolkendecke gebildet, durch das die Sonne schien. Petrus war uns wohlgesonnen, denn auch an den beiden folgenden Tagen herrschte bestes Festivalwetter.

Leider gab es in Hockenheim kein Hotel mit behindertengerechtem Familienzimmer, so dass wir uns wohl oder übel im 20 km entfernten Heidelberg in einem Hotel einquartieren mussten. Man hatte uns bei der Reservierung versichert, dass das Zimmer über ein barrierefreies Bad mit überfahrbarer Toilette und befahrbarer Dusche verfüge und man ohne Weiteres auch ein Zustellbett in das Zimmer stellen könne. Letzteres stimmte nicht wirklich. Als wir in das Zimmer kamen, war uns sofort klar, dass wir ein Problem hatten. Das Bad war zwar perfekt, in das Zimmer passte jedoch definitiv kein Zustellbett mehr hinein. Zum Glück war in dem Hotel noch die

Im Vordergrund mein Vater und ich auf dem Rock 'n' Heim Festival 2014.

Familiensuite frei, die genug Platz für uns drei bot, dafür jedoch kein barrierefreies Bad hatte. Also blieb uns nichts anderes übrig, als beide Zimmer zu buchen. Das Zimmer mit dem barrierefreien Bad haben wir für den Toilettengang und zum Duschen genutzt, geschlafen haben wir in der Familiensuite. Die Hotelmanagerin war jedoch so freundlich, uns beim Preis entgegenzukommen.

Zurück zum Festival. Auf einen Künstler hatte ich mich ganz besonders gefreut: Deadmau5 (die 5 ist kein Rechtschreibfehler). Bei Deadmau5 handelt es sich um einen kanadischen Musiker, der im Genre House aktiv ist und auf Live-Konzerten als Markenzeichen eine riesige Micky Mouse Maske trägt. Ich hatte ihn noch nie live gesehen und war super gespannt auf seine Performance. Was wir nicht wussten: Er war der letzte Gig des ersten Festivaltages. Doch eigentlich war er der erste Gig des zweiten Tages, denn er trat um 2 Uhr morgens auf! Noch nie zuvor hatte sich die Zeit bei einem Konzert so gezogen! Ich wurde immer müder, konnte die Augen kaum noch offen halten und war im Laufe des späten Abends mehrere Male kurz davor, das Handtuch zu werfen und zurück zum Hotel zu fahren. Irgendwie habe ich es aber geschafft, bis 2 Uhr wach zu bleiben, um den 60-minütigen Auftritt von Deadmau5 mitzuerleben. Gegen 4 Uhr lag ich im Bett. Ich werde jetzt noch müde, wenn ich daran zurückdenke.

Wo alles begann

Das Lese- und Entspannungszimmer im Kinder- und Jugendhospiz Balthasar ist ein wunderschön gestalteter Raum, der eine beruhigende Atmosphäre ausstrahlt. Er ist deshalb nicht nur der ideale Platz zum Lesen, sondern dient auch als Rückzugsort oder für vertrauliche Gespräche. Mein persönlicher Rückzugsort im Balthasar ist zwar das Gartenhaus, doch wenn es draußen kälter ist, dann bevorzuge ich das Lesezimmer, zum Beispiel für Gespräche mit den Mitarbeiter:innen. Im Lesezimmer hat übrigens auch das Gespräch mit der Mutter stattgefunden, von der ich eingangs auf Seite 15 erzählt habe, und das mich dazu angeregt hat, dieses Buch zu schreiben.
Gedruckte Bücher spielen in meinem Leben allerdings keine so große Rolle. Ich bin das Gegenteil einer Leseratte. Stattdessen höre ich leidenschaftlich gerne Hörbücher, am liebsten die von Stephen King. Am besten gefällt mir sein Zeitreisen-Roman „Der Anschlag“. Er handelt von dem Attentat auf John F. Kennedy und davon, wie sich dieser hätte verhindern lassen. Allgemein geht es in dem Buch um das Thema, wie man Situationen in der Zukunft dadurch verändern kann, dass man in der Gegenwart Dinge anders macht. Die Hauptfigur des Romans reist dabei in der Zeit zurück und versucht

Das Lese- und Entspannungszimmer im Jugendhospiz Balthasar: nicht nur ein Paradies für Bücherwürmer und Leseratten, sondern auch ein idealer Ort für vertrauliche Gespräche.

dann, Lee Harvey Oswald davon abzuhalten, Kennedy zu erschießen. Das Thema „Was wäre, wenn …" und inwiefern können (oftmals nur kleine) Änderungen in der Gegenwart gewaltige Änderungen in der Zukunft nach sich ziehen, finde ich faszinierend. Und ich kann mir gut vorstellen, wie echte Bücherwürmer im Lesezimmer vom Balthasar in andere Welten eintauchen.

Raum für mich

Meine Aufenthalte im Balthasar müssen natürlich geplant werden. Da ich berufstätig bin, muss ich dafür auch Urlaub nehmen. Von meinen 33 Urlaubstagen nehme ich 20 für meine Aufenthalte im Hospiz, die restlichen verbringe ich mit meinen Eltern.

Oft mache ich mir Gedanken darüber, wieviel Zeit ich noch habe oder auch, wie lange meine beiden Omas wohl noch leben werden. Man weiß nie, wie oft und wie lange man etwas noch machen kann. Daher ist die Zeit mit meiner Familie besonders kostbar. Ich habe deshalb meine Familie und meine Freunde besonders gerne in meiner Nähe. Sie tun mir gut. Aber es gibt auch Momente, in denen ich lieber alleine bin. Meist sind es Situationen, in denen ich mich konzentrieren muss, beispielsweise wenn ich am PC designe. Ich höre aber auch gerne Musik gemeinsam mit anderen, vor allem, wenn man in Bezug auf Musikstil oder Bands auf einer Wellenlänge ist.

Im Balthasar bin ich am liebsten im Jugendzimmer 12. Das ist das beste Zimmer für jemanden in meinem Alter, mit meiner Größe und Erkrankung. Zunächst einmal ist das Bett ziemlich groß. Außerdem liegt das Zimmer in der Ecke des Gebäudes und wird durch die Fenster in beiden Wänden von Licht sozusagen durchflutet. Auch der Deckenlifter ist ideal für mich, denn für die mobilen Lifter habe ich einfach zu lange Beine. Darüber hinaus finde ich auch, dass Zimmer 12 am schönsten eingerichtet ist. Thematisch geht es

Zimmer Nr. 12. Bisher hatte ich immer das Glück, in diesem geräumigen Zimmer untergebracht zu sein.

um Natur und Wald. Das spricht mich an. In Zimmer 12 ist es vom Ambiente ein bisschen so wie im Abschiedsbereich im Raum der Stille. Es ist alles in Naturfarben gestrichen, die für eine schöne und beruhigende Atmosphäre sorgen.
Das ganze Kinder- und Jugendhospiz ist sehr modern gestaltet und hat nichts mit dem zu tun, was einem vielleicht durch den Kopf geht, wenn man das Wort „Hospiz" hört. Die Einrichtung entspricht meinem Stil, auch deshalb fällt es mir leichter, im Balthasar anzukommen.
In einem der Flure hängt eine kunterbunte Weltkarte. Würde diese stattdessen in Zimmer 12 hängen, dann wäre der Raum perfekt. Denn dann könnte ich auch noch einen Blick auf New York werfen. Von meinen beiden Reisen in meine unangefochtene Lieblingsstadt habe ich euch ja schon auf Seite 83 erzählt.
Mein Zimmer zuhause ist ebenfalls modern eingerichtet. An der Wand befindet sich ein cooles Wand-Tattoo von einem Drachen. Außerdem hängt ein von einer talentierten Freundin gemaltes Bild an der Wand neben meinem Bett, neben diversen Postern von anderen Bands, auf deren Musik ich stehe. Mein Bett zuhause ist etwa so breit wie das Bett in Zimmer 12. Allerdings ist die Matratze im Balthasar klar besser. Dort muss ich nämlich nachts seltener gewendet werden als zuhause. Einen besseren Qualitätsmesser für Matratzen gibt es nicht.

Sich einfach treiben lassen

Das Balthasar verfügt sogar über ein eigenes Schwimmbad, in dem ich einmal mit Renate, einer Krankenschwester und Kindertrauerbegleiterin im Balthasar, war. Renate praktiziert Wasser-Shiatsu. Wasser-Shiatsu ist eine Form der Körpertherapie, die in einem Pool oder auch in einer speziellen Wasserwanne durchgeführt wird. Dabei werden Techniken der klassischen Akupressur mit der Entspannung und dem Auftrieb, die durch das Wasser erreicht werden, kombiniert. Während der Behandlung habe ich eine Schwimmweste getragen, die mich über Wasser hielt. Renate hat dann mit den Händen und Fingern auf bestimmte Akupressurpunkte gedrückt, um den Energiefluss in meinem Körper zu fördern und Muskelverspannungen zu lösen. Das Treiben im warmen Wasser führt zu einer tiefen Entspannung und ist sehr beruhigend. Ich fand es jedenfalls großartig!

Apropos Wasser. Sport auszuüben war aufgrund meiner Erkrankung natürlich nur sehr bedingt möglich. Eigentlich kam auch nur eine einzige Sportart in Betracht, und zwar Schwimmen. Denn Schwimmen hat für Muskelkranke den ganz erheblichen Vorteil, dass man wegen des Auftriebs im Wasser einfach weniger wiegt und deshalb seine Gliedmaßen leichter bewegen kann.

Mein Vater und ich haben viele Sonntagvormittage in der Erftlagune in Horrem verbracht.

Auch wenn ich leider schon sehr lange nicht mehr mit der Badehose im Wasser war, so werde ich das Schwimmen doch immer eng mit meiner Kindheit verbinden. Es fing wie bei vielen schon im Babyalter an, als meine Eltern mit mir die Wassergymnastik-Kurse besucht haben, um nicht nur die Muskulatur zu stärken, sondern auch das Nervensystem zu stimulieren und für eine frühzeitige Bewegungskoordination zu sorgen.

ZEUGNIS
FÜR FRÜHSCHWIMMER
- Seepferdchen -

Marius Ebel

hat folgende Leistungen erfüllt

1. Sprung vom Beckenrand und 25 m Schwimmen
2. Heraufholen eines Gegenstandes mit den Händen aus schultertiefem Wasser

und ist berechtigt, das Frühschwimmerabzeichen – Seepferdchen – zu tragen.

Grevenbroich
Ort

19.12.01
Datum

Prüfer und Nr.

Kreissportbund Neuss e.V.

Mit 6 Jahren habe ich sogar das Seepferdchen gemacht und die geforderten 25 Meter mit Rückenschwimmen zurückgelegt. Brustschwimmen oder Kraulen konnte ich nicht. Für diese Lagen fehlte mir einfach die Kraft.

Schwimmen war jedenfalls viele Jahre lang geliebtes Pflichtprogramm für meinen Vater und mich. Sonntagvormittags gings in der Regel in die Erftlagune nach Horrem, ein für damalige Verhältnisse behindertengerechtes Hallenbad mit Großwasserrutsche, diversen Mehrzweckbecken, einem Außenbereich und einer Snackbar. Die Umkleidekabinen waren geräumig und konnten mit dem Rollstuhl befahren werden. Das war das wichtigste Kriterium.

Mein Vater hat mich nach dem Umziehen Huckepack genommen und von der Kabine bis zum Becken getragen. Wenn ich dann einmal im Wasser war, konnte ich mich deutlich leichter bewegen und habe dabei fast vergessen, dass ich an einer Körperbehinderung litt. Auch an die Musik, die auf der Hin- und Rückfahrt im Autoradio lief, kann ich mich noch gut erinnern. Wenn ich heute eines dieser Musikstücke höre, dann fühle ich mich sofort in diese Zeit zurückversetzt. Ich habe sogar das Seepferdchen in Rückenschwimmen gemacht. Diese Lage war für mich die einzig mögliche. Brustschwimmen ging nicht, weil ich weder den Kopf über Wasser halten konnte noch über ausreichend Kraft in Armen und Beinen verfügte, um für den notwendigen Vortrieb zu sorgen.

Hineinwachsen

Ich verliere zunehmend an Beweglichkeit, es ist ein stetiges Bergab. Ich spüre, dass ich immer weniger kann und immer mehr Hilfe einfordern muss. Das fiel mir anfangs sehr schwer. Am meisten Angst habe ich davor, meinen Job nicht mehr ausführen und meinen Hobbys nicht mehr nachgehen zu können. In solchen Momenten versuche ich mich auf die Gegenwart zu fokussieren und mir vor Augen zu führen, dass mein Gesundheitszustand die letzten Jahre relativ stabil geblieben ist. Dieses Bergab – klar, viele Menschen glauben, es sich vorstellen zu können. Aber es zu spüren, es selbst zu erleben, das ist etwas ganz anderes.

Man wächst hinein und versucht, das Beste daraus zu machen. Eine Verhaltenstherapie bei einem Psychologen war da sehr hilfreich. Anfangs hatte ich die Befürchtung, dass diese Therapie nichts bringen würde. Später aber stellte ich fest, dass ich besser mit meinen Ängsten umgehen konnte. Das verschaffte mir Sicherheit. Ich weiß jetzt um meine eigene Stärke. Ich habe gelernt und mich weiterentwickelt. Ich kann vieles selbst bewältigen, habe aber auch keine Scheu davor, Unterstützung zu einzufordern.

Im Bewegungsraum im Kinder- und Jugendhospiz Balthasar kann man sich so richtig austoben – hier gibt es genug Platz und jede Menge Möglichkeiten.

Durch eine Panikattacke, die ich vor einigen Jahren hatte, nehme ich mittlerweile psychische Sorgen ernster. Vorher stand nur mein Körper im Fokus, heute auch meine Psyche. Nicht nur der Körper leidet unter dieser Krankheit, auch die Seele.

Manchmal frage ich mich, was wäre, wenn? Was wäre, wenn ich diese Erkrankung nicht hätte? Manchmal sehne ich mich danach, selbst Skateboard zu fahren, Free Running oder Kampfsport zu machen. Ich interessiere mich durchaus für das, was ich nicht machen kann. Manchmal empfinde ich auch Neid und Sehnsucht. Natürlich wünsche ich mir auch eine Partnerschaft – das, was für andere in meinem Alter normal ist.

Früher behielt ich meine Gedanken, Sorgen und Gefühle für mich. Heute kann ich darüber sprechen. Und ja, ich bin manchmal immer noch nachdenklich, aber deutlich seltener, seitdem ich mein Hobby zum Beruf gemacht habe. Das ist ein großes Glück für mich.

Vom Umgang mit dem Tod

Den Raum der Stille mit seiner natürlichen Gestaltung finde ich wunderschön. Er strahlt Wärme und Geborgenheit aus und er hat mir dadurch auch ein bisschen die Angst vor dem Tod genommen.

Das war auch bei Julian* so. Am Tag vor seinem Tod war ich mit ihm dort. Er war sehr unruhig und hatte Angst, den Raum zu betreten. Als wir dann jedoch einige Zeit im Raum der Stille und im Abschiedsbereich waren, fiel die Anspannung von ihm ab, er wurde ganz ruhig. Am nächsten Tag verstarb er.
Bei einem anderen Aufenthalt im Jahr 2017 lernte ich Matthias* kennen. Matthias war damals 27, etwas jünger als ich heute bin. Er hatte Knochenkrebs, der bereits metastasiert war und die Wirbelsäule befallen hatte. Er war nicht operabel. Da Matthias wusste, dass er sterben würde, hatte er all seine Sachen verkauft. Das war schlimm für mich. Ich machte mir viele Gedanken. Es war alles so unwirklich, ein ganz merkwürdiges Gefühl.
Matthias war ein sympathischer Kerl, der trotz seiner ausweglosen Situation immer noch Lebensfreude versprühte. Ich finde es bewundernswert, wie er mit seinem Sterben umgegangen ist. Man merkte ihm seine Angst, wenn er denn welche hatte, nicht an. Und wie er darüber sprach, das fand ich bemerkenswert. Da er nur noch im Bett liegen konnte, war es sein großer Wunsch, noch einmal im Rollstuhl sitzen zu können. Ich ermunterte ihn dazu. Später, als ich wieder zu Hause war, schickte er mir ein Foto, auf dem er in einem Rollstuhl sitzend abgebildet war, so wie er es sich gewünscht hatte. Ich besuchte Matthias ein paar Wochen später noch einmal im Balthasar und fuhr mit dem Gedanken nach Olpe, ihn höchstwahrscheinlich das letzte Mal zu sehen und mich das letzte Mal mit ihm unterhalten zu können. Es war eine ganz besondere Situation, deren Intensität ich rückblickend kaum beschreiben kann. Doch sie

* Beide Namen wurden geändert.

Im „Raum der Stille“ können Familien sich verabschieden, wenn ein Kind oder ein junger Erwachsener verstorben ist. Der Abschiedsbereich kann mit Bildern, Briefen, Lieblingsmusik oder -kuscheltieren persönlich gestaltet werden.

hat mich auch aufgebaut. Auch wenn ich nicht wusste, wie es in seinem Inneren aussah, so war Matthias Art, mit dem eigenen Sterben umzugehen, bewundernswert. Er nahm mir ein stückweit die Angst vor dem Tod. Wenige Tage nach meinem Besuch starb er.

Ich habe mir über das Sterben und den Tod schon viele Gedanken gemacht, auch darüber, wie ich es mir für mich wünsche. Manche wünschen sich, einen bestimmten Song zu hören, wenn sie im Sterben liegen. Auch ich finde den Gedanken schön, bei meinem Lieblingssong einzuschlafen.

Für meine Beerdigung denke ich eher an Friedwälder oder Traueroasen, wo man einen Baum kaufen kann, der einen mit der Natur verbindet. Das finde ich schöner als im Sarg zu liegen. Friedhöfe mag ich nicht. Ich meide sie.

Ich hoffe zwar auf ein Leben nach dem Tod, daran glauben kann ich allerdings nicht wirklich. Und es fällt mir wegen meiner Erkrankung auch schwer, an Gott glauben. Und dennoch beneide ich die

Ich im Raum der Stille.

Menschen, die an ihn glauben. Ich bin auch davon überzeugt, dass meine verstorbenen Opas immer an meiner Seite sind und mich beschützen.

Falls es ein Leben nach dem Tod gibt, könnte ich mir vorstellen, in einer anderen Form weiterzuleben. Es ist für mich unvorstellbar, dass das Leben hier auf der Erde alles gewesen sein soll. Was ist mit dem, was uns ausmacht? Unsere Persönlichkeit? Ich kann mir nicht vorstellen, dass das alles einfach weg ist. Ich habe auch über das Sinnbild „Himmel und Hölle" viel nachgedacht. Ich glaube nicht daran, dass zwischen Himmel und Hölle entschieden wird. Eher stelle ich mir vor, dass es für einen die Hölle ist, wenn man im Sterben selbst erkennt, dass man kein guter Mensch war. In diesem Wissen zu sterben, finde ich grauenhaft.

ÄRZTE, OPs UND FORSCHUNG

Duchenne Muskeldystrophie: die Krankheit

Als meine Eltern und ich an jenem 11. Januar 1999 im Sprechzimmer des Kinderarztes saßen und sie die zwar noch nicht endgültige, aber doch wahrscheinliche Diagnose Duchenne Muskeldystrophie erfuhren, brach für die beiden eine Welt zusammen. Ich kann mich noch dunkel daran erinnern, dass sie in lautes Weinen und Schluchzen verfielen und ich nicht wusste, was los war. Wie sie mir später erzählten, hatte dieser Arzt nicht die Spur von Mitgefühl gezeigt, was man – bei aller Professionalität – von jemandem, der den Eltern eines vierjährigen Kindes eine solche Horrornachricht überbringt, eigentlich erwarten würde. Empathie war jedenfalls keine seiner hervorstechenden Charaktereigenschaften.
Die hohen CK-Werte, die man in meinem Blut gemessen hatte, deuteten nahezu zweifelsfrei auf eine Form von Muskelschwund hin. Die vom Arzt geäußerte Vermutung musste jedoch zunächst noch molekulargenetisch bestätigt werden. Es wurde ein Termin in der Universitätsklinik Düsseldorf vereinbart, wo man einem meiner Oberschenkel mit einer ziemlich großen Hohlnadel Muskelgewe-

be entnahm. Diese Probe wurde untersucht und bestätigte letztlich den Verdacht des Kinderarztes. Bei meiner Erkrankung handelte es sich eindeutig um Duchenne Muskeldystrophie, leider die aggressivere der beiden häufigsten Formen von Muskeldystrophie. Einer von 3.500 Jungen erkrankt daran. In Deutschland leben 1.500 bis 2.000 Betroffene. Ich bin einer von ihnen.

Ich weihe euch mal ein: Das verbirgt sich hinter Duchenne

Duchenne Muskeldystrophie (DMD) ist eine genetische Erkrankung, die durch fortschreitenden Muskelschwund gekennzeichnet ist und zu einer Verschlechterung der Skelett-, Herz- und Atemmuskulatur führt. Jedes Jahr wird weltweit bei etwa 20.000 Kindern Duchenne diagnostiziert. Duchenne wird durch eine Veränderung im Dystrophin-Gen auf dem X-Chromosom verursacht. Ohne Dystrophin sind die Muskeln nicht in der Lage, richtig zu funktionieren oder sich selbst zu reparieren. Die Muskeldystrophie vom Typ Becker-Kiener verläuft weniger schwer als Duchenne. Sie tritt auf, wenn Dystrophin hergestellt wird, aber nicht in der normalen Form oder Menge.

Da sich das Duchenne-Gen auf dem X-Chromosom befindet, betrifft es hauptsächlich Männer, während Frauen typischerweise Trägerinnen sind. Da Frauen zwei Kopien des X-Chromosoms haben, sind sie normalerweise nicht betroffen, wenn eine der Kopien eine Dystrophin-Genmutation aufweist. Sie haben ja ein zweites X-Chromosom (ein „Backup") mit einer intakten Kopie des Gens. Dadurch können sie genug Dystrophin-Protein produzieren. Da Männer jedoch nur ein X-Chromosom haben, sind sie, wenn dieses eine Mutation im Dystrophin-Gen aufweist, definitiv von DMD oder (mit etwas Glück) von der etwas milder verlaufenden Becker-Kiener-Variante betroffen. Aber auch Frauen zeigen manchmal Symptome von Duchenne, wie Muskelschwäche und Herzprobleme. Man spricht dann von manifestierenden Trägerinnen. Und obwohl es sehr selten vorkommt, haben manche Frauen sogar die klassischen Symptome von Duchenne.

Wenn eine Frau eine Mutation im Dystrophin-Gen trägt, sie also Trägerin ist, besteht bei jeder Schwangerschaft eine Wahrscheinlichkeit von 50 %, dass sie das mutierte Gen weitergibt. Jedes Mal, wenn eine Trägerin einen Sohn hat, besteht eine Wahrscheinlichkeit von 50 %, dass er von Duchenne betroffen sein wird. Jedes Mal, wenn eine Trägerin eine Tochter hat, besteht eine Wahrscheinlichkeit von 50 %, dass sie Trägerin oder sogar manifestierende Trägerin wird. Duchenne kann aber auch das Ergebnis zufälliger spontaner genetischer Mutationen sein, die während jeder Schwangerschaft auftreten können. Tatsächlich tritt etwa jeder dritte Fall in Familien ohne Duchenne-Vorgeschichte auf.

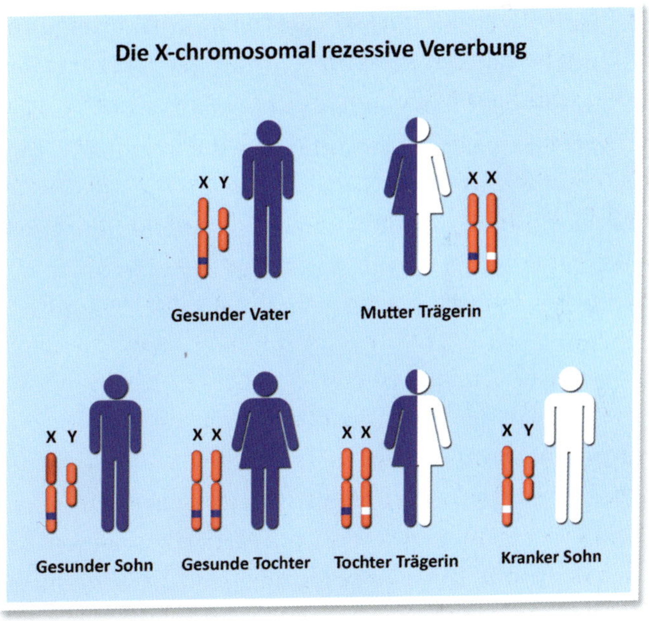

Die Wahrscheinlichkeit, dass eine Mutter, die Trägerin ist, einen kranken Sohn auf die Welt bringt, beträgt 50 %. Ebenso hoch ist die Wahrscheinlichkeit, dass ihre Tochter Trägerin ist. Zeichnung: Peter Ebel

Anzeichen, Symptome und Fortschreiten der Krankheit

Das Durchschnittsalter einer Duchenne-Diagnose liegt bei etwa vier Jahren. Oft kommt es zu Verzögerungen bei frühen Entwicklungsmeilensteinen wie Sitzen, Gehen und/oder Sprechen. Sprachverzögerung und/oder die Unfähigkeit, mit Gleichaltrigen Schritt zu halten, sind oft die ersten Anzeichen der Störung. Duchenne entwickelt sich bei jedem anders. Selbst Geschwister mit derselben Mutation können einen sehr unterschiedlichen Krankheitsverlauf aufweisen.

Muskelschwund wird erstmals in der Kindheit bemerkt, mit Verlust von Kraft, Funktion und Flexibilität in den Hüften, Oberschenkeln, Schultern und im Becken. Im Teenageralter beginnen diese Verluste sich auf die Arme, Unterschenkel und den Rumpf auszudehnen. Da Dystrophin auch in den Herz- und Atemhilfsmuskeln wie dem Zwerchfell fehlt, sind auch die Herzfunktion und die Atmung beeinträchtigt. Darüber hinaus können manche Menschen Lern- und Verhaltensprobleme haben, die auf einen Mangel an Dystrophin im Gehirn zurückzuführen sind.

Das Fortschreiten der Symptome durch Duchenne Muskeldystrophie erstreckt sich über ein Spektrum, das von spätem Beginn mit sehr milden Symptomen bis zu frühem Beginn und schweren Symptomen reicht.

Komplexe Krankheit: Warum Therapien so lange auf sich warten lassen

Wenn man sich mit Krankheiten und deren Ursache beschäftigt und den menschlichen Körper dabei etwas genauer unter die Lupe nimmt, kann man oft kaum fassen, was für ein biologisches Wunderwerk er ist und wie fein abgestimmt alles abläuft. Es wundert einen dann nicht, dass sich Fehler in dieser hochkomplexen Maschinerie nicht so einfach beheben lassen. Das trifft auf Krankheiten wie Krebs zu und auch auf Krankheiten mit genetischer Ursache wie z. B. Duchenne Muskeldystrophie. Fehler in unserem Erbgut kann man nicht korrigieren, indem man eine Pille nimmt.

Unser Erbgut ist in den 46 Chromosomen jeder Körperzelle gespeichert. Chromosomen bestehen aus riesigen Molekülknäueln, die man DNA nennt. Wenn man diese Knäuel entwirren würde, käme ein Molekülstrang in Form einer zylindrischen Doppelspirale (die sogenannte Doppelhelix) zum Vorschein. Die DNA einer einzigen menschlichen Zelle hat eine Länge von etwa 2 Meter. Ein Mensch besteht aus etwa 37 Billionen Zellen, die DNA enthalten. Die Länge der gesamten DNA in einem Menschen beträgt also 75 Milliarden km, also etwa 250-mal die Strecke von der Erde zur Sonne und zurück. 3D-Modell: Marius Ebel

Die Sache ist komplizierter. Der genetische Bauplan des Menschen ist in sogenannten Chromosomen gespeichert. Chromosomen sind riesige zusammengeknäuelte Moleküle, von denen jeder Mensch 46 in jeder einzelnen Körperzelle hat. 23 stammen vom Vater und 23 von der Mutter. Stellt euch dieses Knäuel einfach als einen 2 Meter langen Faden vor, der in einem Stecknadelkopf untergebracht ist, das Ganze auf millionstel Millimeter geschrumpft. Wenn man dieses Knäuel entwirren würde, dann sähe man mit einer Superlupe, dass der Molekülstrang in Wirklichkeit eine zylindrische Doppelspirale ist. Man nennt dieses Molekül Desoxyribonukleinsäure, kurz DNA. Es ist der Träger der Erbinformation, in ihm ist jedes Detail unseres Körpers gespeichert.

Die DNA untergliedert sich in Bereiche, die man als Gene bezeichnet. Ein Gen ist die Vorlage für den Bau eines Eiweißes (Protein). Es ist sozusagen der Programmcode, der in den Zellen unseres Körpers ausgeführt wird, um ein bestimmtes Eiweiß herzustellen. Von den 46 Chromosomen sticht eines besonders hervor. Es hat die Form eines X und wird deshalb X-Chromosom genannt. Auf diesem Chromosom gibt es einen Bereich, der den seltsamen Namen Locus Xp21.2 hat. Dort befindet sich das Dystrophin-Gen, der Programmcode zum Herstellen des Proteins Dystrophin. Bei mir weist dieses Gen leider einen Fehler auf. Ihm fehlt nur ein einziger, winziger Baustein. Ein Rechtschreibfehler im Programmcode, ein Buchstabe wurde vergessen. Dieser kleine Defekt hat jedoch gravierende Auswirkungen. Das Programm bricht nämlich wegen dieses Fehlers ab. Es steigt aus. Das wiederum hat zur Folge, dass in den Zellen meines Körpers das für den Erhalt der Muskelzellen wichtige Eiweiß Dystrophin nicht gebildet wird.

Nun besteht der Körper eines 70 Kilogramm schweren Erwachsenen aus rund 37.000.000.000.000 Zellen (37 Billionen oder 37.000 Milliarden!). Einen Fehler im Erbgut nicht nur zu entdecken, sondern ihn auch noch in allen Körperzellen zu beheben, erscheint auf den ersten Blick unmöglich (und auf den zweiten ebenfalls). Wie soll das gehen? Wie kann man diesen „Rechtschreibfehler" in jedem Dystrophin-Gen auf jedem X-Chromosom in jeder der 37 Billionen Zellen beheben? Es geht. Theoretisch und auch praktisch. Aber bisher nicht für jede Mutation.

Ich möchte hiermit vor Augen führen, dass es für bestimmte Arten von Erkrankungen keine schnellen und effektiven Therapie- oder Heilungsansätze gibt. Es gibt einfach nichts, was vergleichbar mit einem Antibiotikum ist, mit dem sich bakterielle Entzündungen im Körper so effektiv bekämpfen lassen. Die Erforschung von Krank-

heiten mit genetischer Ursache gleicht eher einem Langstreckenlauf als einem Sprint. Und selbst wenn der Grund für die Krankheit gefunden wurde, dann vergeht in der Regel immer noch viel Zeit, bis eine effektive Therapie entwickelt und verfügbar ist, eine Therapie, mit der sich die Krankheit ursächlich bekämpfen lässt. Man muss Geduld aufbringen, die man eigentlich nicht hat. Man will schnell gesund werden, so wie sich das jeder Kranke wünscht.
Noch Anfang der 1980er war die Ursache von Duchenne Muskeldystrophie unbekannt. Forscher probierten zu jener Zeit mehr oder weniger auf gut Glück eine große Anzahl von Medikamenten, die bei anderen Krankheiten wirkungsvoll waren, in der Hoffnung, dass eines von ihnen auch bei DMD anschlagen würde. Aber keines zeigte Erfolg. Als dann 1986 Louis Kunkel, Neurobiologe an der Harvard Medical School, das so genannte Duchenne-Gen isolierte und ein Jahr später der Humangenetiker Eric Hoffman dessen Produkt Dystrophin beschrieb, da schien den Forschern und Ärzten, aber auch den Patient:innen und ihren Eltern endlich ein Weg aufgezeigt, der möglicherweise zu einer Therapie führen würde, welche die Ursachen der Krankheit beheben konnte.
Heute, fast 40 Jahre später, sieht man zwar – mehr oder weniger deutlich – eine Art Licht am Ende des Tunnels, nämlich die Verfügbarkeit der lang ersehnten Gentherapie; doch wann dieses Ziel wirklich erreicht sein wird, kann man auch heute nicht genau vorhersagen. Zum aktuellen Stand der Forschung und zu den unterschiedlichen Therapieansätzen erfahrt ihr mehr auf Seite 152.

Unheilbar, aber nicht unbehandelbar: Was man tun kann

Zwar ist Duchenne Muskeldystrophie bis heute nicht heilbar, doch zum Glück ist die Lebenserwartung von Patienten in den letzten Jahren beispielsweise durch Operationen an der Wirbelsäule gestiegen. „An der Wirbelsäule?“, werdet ihr euch jetzt sicherlich fragen. Aber es ist logisch: Durch eine frühzeitige Versteifung der Wirbelsäule mittels Metallstangen will man einer sogenannten Skoliose vorbeugen. Dabei handelt es sich um eine unnatürliche Verkrümmung des Rückgrats, die im Fall von Duchenne wegen der nicht vorhandenen Stützmuskulatur des Rumpfes entsteht. Die Skoliose kann zu erheblichen Komplikationen bei der Atmung führen, weil die Lungen und insbesondere das Zwerchfell (der Muskel, der die Lungen beim Atmen anhebt und absenkt) beim gekrümmten Sitzen im Rollstuhl in ihrer Beweglichkeit und damit in ihrer Funktion stark beeinträchtigt werden. Neben der Herzleistung ist die Lungenfunktion einer der wichtigsten sogenannten „Vitalwerte". Bei Duchenne-Patienten wird er in der Regel zweimal jährlich überprüft. Über meine Skoliose-OP erzähle ich euch mehr auf Seite 142.

Darüber hinaus haben aber auch eine verbesserte medizinische Versorgung und begleitende Therapien wie Heimbeatmung, die Logopädie für das Atem- und Schlucktraining sowie die Verabreichung von Kortison-Präparaten bereits im frühen Kindesalter die Prognose verbessert. Für eine bessere Beweglichkeit der Gelenke sorgen auch regelmäßige Physiotherapie-Sitzungen (zweimal wöchentlich). Wenn wir schon mal beim Thema sind: Ich nutze einen Bewegungstrainer vom Typ MOTOmed, der mehrere Trainingsmodi hat. Beim passiven Training übernimmt der Motor die Bewegung von Armen und Beinen und beim sogenannten assistiven Training unterstützt er diese. Kann ich nur empfehlen – hält die Gelenke beweglich und ist gut für das Herz-Kreislaufsystem.

Gehört ab jetzt dazu: die Behandlung mit Kortison

Im August 2001, zweieinhalb Jahre nachdem bei mir Duchenne Muskeldystrophie diagnostiziert worden war, riet die behandelnde Ärztin an der Kinderklinik des Universitätsklinikums Düsseldorf meinen Eltern zu einer Langzeit-Therapie mit dem Präparat Prednison. Ich war da gerade mal sechs Jahre alt. Prednison gehört ebenso wie Deflazacort zur Arzneimittelgruppe der sogenannten Kortikosteroide. Auf gut Deutsch: Es ist ein Kortison. Obwohl der exakte Wirkmechanismus dieser Kortikosteroide unklar ist, geht man allgemein davon aus, dass sie eine entzündungshemmende Wirkung haben. Diese soll sogenannte Mikroentzündungen im Muskelgewebe, wie sie beim Zerfall einer Muskelzelle entstehen, verhindern oder zumindest verringern. Denn Mikroentzündungen, so befürchtet man, beschleunigen den Verlauf des ohnehin fortschreitenden Muskelzerfalls noch.

Die Verabreichung von Kortikosteroiden wie Prednison und Deflazacort ist damals wie heute der therapeutische Standard, was die Therapie mit Medikamenten betrifft. Klinische Studien können bei Gabe von Prednison eine Verbesserung der Muskelkraft und Muskelfunktion bei Patienten mit Duchenne Muskeldystrophie belegen, die sich in einer verlängerten Gehfähigkeit und einer niedrigeren Häufigkeit von Skoliosen widerspiegelt. Mit der Einnahme beginnt man im Alter von 4 bis 6 Jahren.

Zu meiner Zeit gab es zwei Arten der Dosierung. Bei der ersten wurde das Kortison-Präparat täglich verabreicht. Die Dosis betrug dabei etwa 0,75 mg/kg Körpergewicht. Aufgrund der bei ununterbrochener Verabreichung von Kortison bekannten, vielfältigen Nebenwirkungen wie Gewichtszunahme, Cushing-Syndrom, Wachstumsverzögerung, Osteoporose und Grauer Star hatten sich meine Eltern auf Anraten der Ärztin für eine alternierende Gabe bei gleichzeitiger Reduktion der Dosis entschieden. Ich sollte zunächst zehn Tage lang täglich 12,5 mg einnehmen (das entsprach in meinem Fall 1,8 mg/kg Körpergewicht), dann eine Pause von zehn Tagen machen und diesen Zyklus bis auf Weiteres wiederholen.

Prednison nehme ich übrigens heute noch in diesem Zyklus, obwohl ich meine Gehfähigkeit schon mit 12 Jahren verloren habe. Ich bin froh, dass meine Eltern sich für die alternierende Form der Darreichung entschieden haben. Meine Körpergröße ist altersgerecht, mein Gewicht normal, der Zustand meiner Augenlinsen ebenfalls.

Kinderarzt: der Verdacht

Von meinem Kinderarzt habe ich ja bereits erzählt und davon, dass er jegliches Fingerspitzengefühl hatte vermissen lassen, als er Anfang 1999 meinen Eltern die schlechte, unser aller Leben auf den Kopf stellende Nachricht überbrachte. In den Monaten zuvor war ich bereits bei vielen Orthopäden vorstellig geworden und hatte unterschiedliche Therapieansätze ausprobiert – alle ohne Erfolg. Im November 1998 wurde dann von einem der Orthopäden erstmals der Verdacht

Grevenbroich, 26.11.98

Sehr geehrte Kollegen

Vielen Dank für die Überweisung von **Marius Ebel, geb. 04.05.95** der in unserer Sprechstunde vorgestellt wurde.

<u>Diagnose:</u>
allgemeine Koordinationsstörung
Knicksenkspreizfuß

<u>Therapie:</u>
Versorgung mit Einlagen, Einleitung einer Krankengymnastik;
Aufgrund eines leicht "platschenden" Gangbildes mit leichter Schwäche beim Übergang aus der Hocke zum aufrechten Gang ist eine zentrale neutologische Ursache nicht sicher auszuschließen.
Verlaufskontrollen wurden vereinbart;

<u>Befund:</u>
das Gangbild des Kindes ist sehr unsicher;
der Fuß weist ein deutlich abgeflachtes Fußgewölbe mit vermehrter Valgusposition der Ferse auf; im Zehenspitzengang ist keine ausreichende Korrektur des Gewölbes zu erreichen;
unauffälliger Unterschenkel, kein Drehfehler;
unauffällige Darstellung der Kniegelenke;
die Hüfte zeigt einen unauffälligen Befund;
Beckengradstand;
lotrechter Aufbau der Wirbelsäule; unauffällige Funktion;
Schultergelenke und Schulterblattstand sind unauffällig;
stützt sich teilweise mit den Armen ab beim Übergang Hocke/Stehen
bei WS Überstreckung nach Hinten -Gleichgewichtsverlust

In diesem Befund an meinen damaligen Kinderarzt wurde von einem Orthopäden erstmals der Verdacht geäußert, dass meine Koordinationsprobleme keine orthopädische, sondern vermutlich eine neurologische Ursache haben. Der 26. November 1998 ist der Tag, der alles veränderte, auch wenn die Vermutung erst einen Monat später durch eine Blutuntersuchung bestätigt wurde. Dabei wurde ein Creatinkinase-Wert (CK) von 6663 U/l nachgewiesen. Ein mehr oder weniger untrügliches Zeichen dafür, dass mit meinen Muskelzellen etwas nicht stimmte.

geäußert, dass meine Koordinationsstörungen sowie mein Knick-Senk-Spreizfuß vermutlich eine neurologische Ursache haben.
Wie erwähnt wurde bei einer Untersuchung meines Blutes am 18. Februar 1999 ein außergewöhnlich hoher Creatinkinase-Wert festgestellt. Creatinkinase (CK) ist ein Enzym, dessen Konzentration im Blut ansteigt, wenn Muskelgewebe z. B. unfallbedingt beschädigt wird, aber auch bei Muskelerkrankungen. Im Fall von Duchenne Muskeldystrophie zerfällt nämlich die Muskelzelle und die Creatinkinase wird ins Blut ausgeschwemmt.

Uniklinik Düsseldorf: die Diagnose

Mein Kinderarzt überwies mich daraufhin an die Kinderklinik der Heinrich-Heine-Universität Düsseldorf, wo ich etwa eine Woche später, am 25. Februar, unter dem Verdacht des Vorliegens einer Muskeldystrophie für einen stationären Aufenthalt von zwei Tagen vorstellig wurde.
Meine Eltern berichteten der mich behandelnden Ärztin, Dr. Gärtner, dass meine motorische Entwicklung im Vergleich zu anderen gleichaltrigen Kindern schon immer schlechter gewesen sei. In der Spielgruppe sei dann mein auffälliges Gangbild bemerkt worden, aufgrund dessen ich zunächst bei einem Orthopäden und anschließend bei einem niedergelassenen Neurologen (mein Kinderarzt) vorstellig wurde. Bei einer laborchemischen Untersuchung sei schließlich ein erhöhter Creatinkinase-Spiegel in meinem Blut festgestellt worden.
Bei den sich über zwei Tage hinziehenden Untersuchungen an der Kinderklinik der Universität Düsseldorf wurde der von meinem Orthopäden diagnostizierte Knick-Senk-Spreiz-Fuß bestätigt, ebenso mein „platschender" Gang (ich konnte den Fuß nicht abrollen), eine Wadenmuskelhypertrophie beiderseits und das Gowers-Phänomen, das ich auf Seite 22 bereits beschrieben habe. Bei einer laborchemi-

schen Untersuchung meines Blutes ergab sich außerdem mit 6260 U/l ein ähnlich hoher CK-Wert wie im Dezember. Die Untersuchungen bestätigten den Verdacht, dass eine Muskeldystrophie vom Typ Duchenne vorlag. Für April wurde von der Ärztin an der Uniklinik eine molekulargenetische Untersuchung am Institut für Humangenetik der Rheinischen Friedrich-Wilhelms-Universität Bonn veranlasst, um die genaue Art des Gendefekts zu bestimmen.

Bei dieser Untersuchung wurde mir im Rahmen einer Biopsie mit einer Kanüle eine Gewebeprobe aus meinem linken Oberschenkel entnommen, deren molekulargenetische Analyse schließlich einen Gendefekt im Exon 51 meines X-Chromosoms ergab. Eine Mutation, die vorwiegend bei Duchenne Muskeldystrophie auftritt, der aggressiveren der zwei bekannten Typen von Muskeldystrophie. Das war am 12. April 1999. Drei Wochen später würde ich meinen 4. Geburtstag feiern.

Damit begannen für mich die sich jährlich wiederholenden Vorstellungen zur klinischen und kardiologischen Verlaufskontrolle, anfangs noch an der Kinderklinik der Universität Düsseldorf, später dann an der Uniklinik Essen. Bis heute.

Im Juli desselben Jahres bat meine Mutter um einen Termin für eine genetische Beratung am Institut für Humangenetik der Universität

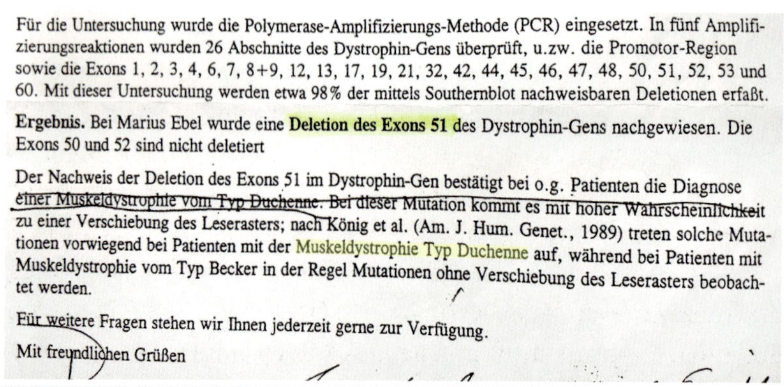

Für die Untersuchung wurde die Polymerase-Amplifizierungs-Methode (PCR) eingesetzt. In fünf Amplifizierungsreaktionen wurden 26 Abschnitte des Dystrophin-Gens überprüft, u.zw. die Promotor-Region sowie die Exons 1, 2, 3, 4, 6, 7, 8+9, 12, 13, 17, 19, 21, 32, 42, 44, 45, 46, 47, 48, 50, 51, 52, 53 und 60. Mit dieser Untersuchung werden etwa 98 % der mittels Southernblot nachweisbaren Deletionen erfaßt.

Ergebnis. Bei Marius Ebel wurde eine **Deletion des Exons 51** des Dystrophin-Gens nachgewiesen. Die Exons 50 und 52 sind nicht deletiert

Der Nachweis der Deletion des Exons 51 im Dystrophin-Gen bestätigt bei o.g. Patienten die Diagnose einer Muskeldystrophie vom Typ Duchenne. Bei dieser Mutation kommt es mit hoher Wahrscheinlichkeit zu einer Verschiebung des Leserasters; nach König et al. (Am. J. Hum. Genet., 1989) treten solche Mutationen vorwiegend bei Patienten mit der Muskeldystrophie Typ Duchenne auf, während bei Patienten mit Muskeldystrophie vom Typ Becker in der Regel Mutationen ohne Verschiebung des Leserasters beobachtet werden.

Für weitere Fragen stehen wir Ihnen jederzeit gerne zur Verfügung.

Mit freundlichen Grüßen

Die „offizielle" Bestätigung, dass ich an Duchenne Muskeldystrophie leide, kam vom Institut für Humangenetik an der Universität Bonn.

Bonn. Es ging um die Beantwortung der Frage, welche Konsequenzen es für sie haben würde, falls sich herausstellen sollte, dass sie Überträgerin eines Gendefekts im X-Chromosom ist; Konsequenzen, nicht nur, was die weitere Familienplanung meiner Eltern anging, sondern auch die Gesundheit meiner Mutter betreffend. Das Thema „Manifestierende Trägerin" habe ich auf Seite 127 erläutert.
Bei der Beratung in Bonn wurde ein ausführlicher Stammbaum erstellt mit Informationen über die Familie meiner Mutter (Geschwister und deren Kinder, Eltern und deren Geschwister, Vetter, Cousinen und Großeltern). Dabei interessierten die Ärzte vor allem Geburts- und Sterbedaten, Krankheiten bzw. Todesursachen sowie Angaben über Fehlgeburten oder früh verstorbene Kinder.
Eine definitive Aussage darüber, ob meine Mutter ein sogenannter „Carrier" ist, also Trägerin des Gendefektes, ließ sich jedoch nur nach einer laborchemischen Untersuchung ihres Blutes machen. Diese wurde im Oktober 1999 an der Universität Heidelberg durchgeführt. Dabei wurde ein spezieller als TM13 bezeichneter Marker verwendet, durch den nachgewiesen werden konnte, dass von einer gesicherten Überträgerschaft auszugehen war.

Jährliche Verlaufskontrollen

Die nächste Untersuchung an der Uniklinik Düsseldorf fand ziemlich genau ein Jahr nach der ersten statt, im März 2000. Das Prozedere war dabei immer das gleiche. Die Ärztin fragte mich, wie es mir geht (worauf ich meistens mit „gut" antwortete), und begutachtete dann die Beweglichkeit meiner Gelenke sowie die Kraft in Händen, Armen und Beinen. Sie maß, wie stark meine Füße wegen der Kontrakturen in der Wadenmuskulatur in die Spitzfußstellung übergingen, wie weit ich meine Arme über Schulterniveau heben konnte (das fiel mir immer sehr schwer), wie viele Meter ich noch laufen und Treppenstufen steigen konnte und wie viel Zeit ich dafür benötigte. Auf den Hacken gehen konnte ich nicht und auf einem

Bein stehen nur, wenn ich mich festhielt. Diese Werte wurden zusammen mit den Befunden des EKGs, der Echokardiographie und des Lungenfunktionstests in einen sogenannten Ambulanzbericht eingetragen, um im Jahr darauf mit den dann aktuellen Werten verglichen zu werden. Das EKG war altersgerecht, der linke Vorhof des Herzens zwar leicht vergrößert, aber bei guter Funktion. Auch die Kontrolle im März 2001 ergab, dass mein Zustand weiterhin erfreulich war. Ich sollte meine Physiotherapie fortführen und mich im Frühjahr 2002 wieder in der Uniklinik melden.

Die Behandlung mit Kreatinmonohydrat

Bei der Untersuchung im März 2000 wurde uns von der Ärztin ein Behandlungsversuch mit Kreatinmonohydrat vorgeschlagen. Pilotstudien an Patienten mit Muskeldystrophien sowie tierexperimentelle Studien wiesen darauf hin, dass die Einnahme von Kreatinmonohydrat das Absterben der Muskelzellen verringern und damit die Abnahme der Muskelkraft und der damit verbundenen motorischen Fähigkeiten verzögern kann. Kreatin habe ich mehrere Jahre einmal täglich genommen.

Feststellung der Schulreife

Im Februar 2001, einen Monat vor der jährlichen Verlaufskontrolle im März, war ich schon einmal an der Uniklinik Düsseldorf. Ich ging damals noch in den Kindergarten und wurde in jenem Jahr schulpflichtig. Für meine Eltern stellte sich die Frage (insbesondere unter Berücksichtigung meiner Erkrankung), ob ich sowohl kognitiv als auch psychosozial die erforderliche Reife für die Einschulung besitzen würde. Ein psychologischer Test[8] in der Abteilung für

8 Dabei handelte es sich um den Kaufman-Assessment Battery for Children Test (K-ABC). Der K-ABC ist ein psychologischer Test, der verwendet wird, um die

Pädiatrische Psychologie des Universitätsklinikums sollte das herausfinden.
Der Test ergab, dass ich im Bereich des sogenannten ganzheitlichen Denkens und Verarbeitens damals stärker war als in der einzelheitlichen Wahrnehmung. Ganzheitliche Wahrnehmung bezieht sich auf das Verstehen von Eindrücken als Teil eines größeren Gesamtbildes. Es geht um das Verständnis von Mustern und Beziehungen zwischen Teilen. Die einzelheitliche Wahrnehmung dagegen bezieht sich auf die Fähigkeit, einzelne Details von Eindrücken zu beobachten und zu identifizieren, unabhängig von ihrem Kontext.
Im Bereich des auditiven Kurzzeitgedächtnisses hatte ich damals leichte Schwächen. Das auditive Kurzzeitgedächtnis ist ein Teil des Gedächtnisses, das für die kurzfristige Verarbeitung und Speicherung von akustischen Informationen, wie z. B. gesprochenen Worten, verantwortlich ist. Es ermöglicht uns, akustische Informationen für einen kurzen Zeitraum im Gedächtnis zu behalten, um sie später zu verarbeiten oder weiterzugeben. Bei visuell angebotener Information war meine Merkfähigkeit besser. Insgesamt waren meine Denkleistung und logischen Schlussfolgerungen gut und altersentsprechend, so dass mir schließlich die Schulreife bescheinigt wurde.
Aufgrund der Muskelschwäche in Händen und Fingern (ich bin übrigens Linkshänder), hatte ich nicht nur Schwierigkeiten, den Stift fest genug auf das Papier zu drücken, sondern ich war beim Schreiben auch ziemlich langsam. Ich brauchte einfacher länger, Dinge zu Papier zu bringen. Man riet mir deshalb, noch vor Schulbeginn eine ergotherapeutische Behandlung aufzunehmen, um meine Motorik zu trainieren.

Intelligenz und das Lernpotenzial von Kindern zu beurteilen. Der Test fokussiert sich auf die Verarbeitung von Informationen und nicht auf das Wissen, das bereits erworben wurde.

Waldkrankenhaus Erlangen: die OPs

Schon kurz nach der Diagnose im Frühjahr 1999 trieb meine Eltern der Gedanke um, was man tun könnte. Eine sogenannte kurative Therapie, also eine Therapie, die die Krankheit heilen konnte, stand damals wie heute nicht zur Verfügung. Jedoch ließen sich im Bereich der Orthopädie gewisse Maßnahmen durchführen, die mir in mehreren Beziehungen helfen könnten.
Zum einen galt es zu verhindern, dass sich bei mir durch die Verkürzung der Muskulatur in den Waden (aufgrund der als Fibrose bezeichneten Umwandlung von Muskelgewebe in Bindegewebe) ein Spitzfuß entwickelte. Beim Spitzfuß berührt nur der Fußballen den Boden, während die Ferse hochgestellt ist. Das führt zum sogenannten „Steppergang", der ausgelöst wird durch das fehlende Abrollen des Fußes.
Zum anderen war klar, dass sich bei mir früher oder später eine Skoliose entwickeln würde, eine Verkrümmung der Wirbelsäule aufgrund schwindender Stützmuskulatur im Rumpfbereich. Eine unbehandelte Skoliose kann die Lebensqualität einschränken und vermutlich auch die Lebenserwartung verkürzen. Die Verkrümmung macht es nicht nur unmöglich, gerade im Rollstuhl zu sitzen oder auf dem Rücken im Bett zu liegen, sie erschwert auch das An- und Ausziehen, das Umlagern, überhaupt die ganze Pflege. Vor allem aber hat die durch die Skoliose bedingte schiefe Sitzhaltung im Rollstuhl Auswirkungen auf die Ventilation, weil die Lungen komprimiert und dadurch in ihrer Funktion eingeschränkt werden.

Rideau-Operation zur Vorbeugung eines Spitzfußes

Bei ihrer Recherche stießen meine Eltern auf Dr. Raimund Forst, der bis 1998 den Lehrstuhl für Orthopädie und Orthopädische Chirurgie an der Rheinisch-Westfälischen-Technischen Universität Aachen innehatte, 1999 dann gemeinsam mit seinem Bruder an die

Friedrich-Alexander-Universität Erlangen gewechselt ist und Chef der orthopädischen Abteilung des Waldkrankenhauses St. Marien Erlangen war. Die beiden Brüder waren ausgewiesene Experten auf dem Gebiet der orthopädischen Chirurgie. Sie hatten sich unter anderem auf ein 1986 erstmals von Rideau beschriebenes Operationsverfahren zur „Ablösung und Verlängerung von biartikulären Muskeln“[9] spezialisiert. Bei diesem Verfahren kann eine signifikante und nachhaltige Reduktion der Kontrakturen in den Beinen herbeigeführt werden.

Im Februar 2000 bin ich mit meinen Eltern zum ersten Mal ins Waldkrankenhaus nach Erlangen gefahren, um mich dort vorzustellen. Von da an war ich jedes halbe Jahr zur Verlaufskontrolle dort. Sechs Jahre später, im Oktober 2006, ich war mittlerweile 11 Jahre alt, riet man mir von der kontrakturlösenden Rideau-Operation noch ab, weil diese zum Verlust der zu dem Zeitpunkt zumindest noch in Resten vorhandenen Steh- und Gehfähigkeit geführt hätte.

Ein halbes Jahr später war es dann aber soweit. Am 1. März 2007 – ich hatte meine Geh- und Stehfähigkeit mittlerweile verloren und saß im Rollstuhl – wurde an beiden Beinen die kontrakturlösende Operation nach Rideau durchgeführt. Der Eingriff dauerte drei Stunden und lief ohne Komplikationen ab.

Bei der Operation werden zunächst die Sehnen von drei am Darmbein (Hüftknochen) befestigten Hüftbeuger-Muskeln eingeschnitten sowie ein Schnitt in der den Po-Muskel umgebenden Hüllschicht (Faszie) vorgenommen. Außerdem werden ein breiter, flacher Muskel- und Sehnenstrang, der sich entlang der Außenseite des Oberschenkels von der Hüfte bis zum Knie erstreckt (das sogenannte Iliotibialband), und ein Septum, eine Art Trennwand zwischen zwei Muskelsträngen, in einem Oberschenkelmuskel entfernt. Der Muskel, der das Kniegelenk beugt und der am Becken sowie am Oberschenkelknochen ansetzt, wird eingekerbt und seine Bindege-

9 Als biartikulär bezeichnet man Muskeln, die auf zwei Gelenke einwirken. Der Oberschenkelmuskel ist ein Beispiel für einen biartikulären Muskel, da er am Kniegelenk und am Hüftgelenk ansetzt.

websanteile werden gelöst, die Sehnen eines Oberschenkel-Streckmuskels werden durchtrennt und schließlich wird die Achillessehne durch eine bestimmte Einkerbungstechnik künstlich verlängert. Wahrscheinlich fragst du dich jetzt, ob diese Operation dem Patienten nicht mehr schadet als nützt. Das kann ich gut nachvollziehen, denn auch mir wird beim Lesen des Absatzes wieder bewusst, was für ein Eingriff das war. Aber an wirklich starke Schmerzen nach der OP kann ich mich nicht erinnern. Und im Nachhinein betrachtet besteht überhaupt kein Zweifel daran, dass die Entscheidung, die Rideau-Operation durchführen zu lassen, richtig war. Bis heute kann ich Schuhe tragen, was bei einem ausgebildeten Spitzfuß unmöglich ist. Seit dem Eingriff habe ich auch keine durch Kontrakturen hervorgerufenen Krämpfe mehr in Oberschenkel- und Wadenmuskeln, womit ich vorher häufiger zu kämpfen hatte.

Wirbelsäulenbegradigung

Am 17. Juli 2008, stand die nächste Operation an, die Stabilisierung meiner Wirbelsäule nach dem sogenannten ISOLA-System. Ich will jetzt nicht behaupten, dass die Rideau-Operation eineinhalb Jahre zuvor im Vergleich zu diesem Eingriff eine Kleinigkeit war, aber der Eingriff an meinem Rückgrat war dann doch etwas anderes. Man stelle sich einfach vor, dass während dieser Operation die Wirbelsäule oberhalb des Steißbeins bis hin zum Nacken freigelegt wird, um an den Wirbelkörpern rechts und links Metallstangen und Querverbindungen zu verschrauben. Dass innerhalb der Wirbelsäule das Rückenmark verläuft und dass bei einer Verletzung eine Querschnittslähmung droht, ist ja allseits bekannt. Schon alleine deshalb war der Eingriff alles andere als banal und machte meinen Eltern eine Höllenangst. Natürlich hatte auch ich Angst. Mit 13 Jahren hat man bereits eine gewisse Vorstellung davon, was es bedeutet, an der Wirbelsäule operiert zu werden, auch wenn man die Details (zum Glück) nicht kennt.

Im Laufe der Jahre hatte sich bei mir also durch die fehlende Rumpfmuskulatur eine Skoliose entwickelt. Diese Verkrümmung war im Bereich der Lenden- und Brustwirbelsäule in den letzten beiden Jahren relativ schnell fortgeschritten. Die Lungenfunktionsuntersuchungen ergaben zudem eine beginnende Einschränkung der normalen Atmung.

Bei einer zunehmenden Skoliose kommt es zu einer unvermeidbaren Schrägstellung des Beckens. Diese Schrägstellung führt zu schmerzhaften Beschwerden, die durch Druckstellen an einer Gesäßhälfte beim Sitzen im Rollstuhl hervorgerufen werden, wodurch wiederum schmerzhafte Ischiasreizungen auftreten können. Darüber hinaus führt die Skoliose wegen der gleichzeitig zunehmenden Schwäche der Atemmuskulatur zu einer sogenannten „restriktiven Ventilationsstörung". Darunter versteht man eine Behinderung der Atemfähigkeit mit verminderter Sauerstoffanreicherung im Blut. Unbehandelt nimmt das Atemvolumen nach Verlust der Gehfähigkeit kontinuierlich ab. Es entwickelt sich eine chronische Unterbeatmung, die im weiteren Verlauf zu Konzentrationsschwierigkeiten, chronischer Müdigkeit, Kopfschmerzen, Sehstörungen, Alpträumen und Angst führen kann. Das Fortschreiten der Skoliose kann durch keine krankengymnastische Behandlung vermieden werden.

Bei fortschreitenden Muskelerkrankungen wie Duchenne Muskeldystrophie zielt die Operation darauf ab, die Wirbelsäule möglichst frühzeitig zu stabilisieren, nachdem die Gehfähigkeit verlorengegangen ist. In diesem Stadium ist die Skoliose in der Regel noch nicht so weit fortgeschritten und es ist leichter, eine Begradigung an einer noch nicht stark verkrümmten Wirbelsäule vorzunehmen (der Skoliose-Winkel im Sitzen sollte jedoch mindestens 20 Grad betragen). Auch Herz- und Lungenfunktion sind zu einem früheren Zeitpunkt in der Regel noch stabil und die Atmung kann durch die Begradigung wirksam beeinflusst und die Lebensqualität insgesamt verbessert werden.

Bei der Operation wird die Wirbelsäule von den oberen Brustwirbeln bis zum Kreuzbein durch Anbringen von metallischen Rund-

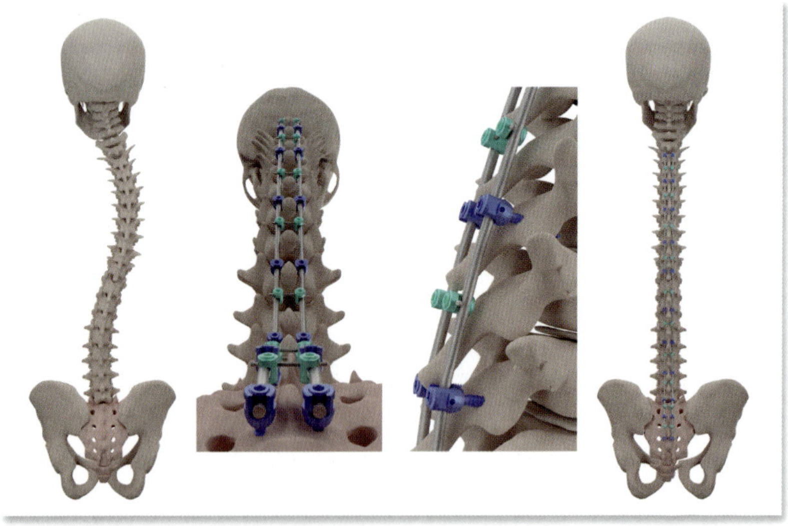

Bei der Skoliose handelt es sich um eine Verformung und Verdrehung der Wirbelsäule. Bei Duchenne Muskeldystrophie entsteht sie durch die zunehmende Schwächung der Rumpfmuskulatur und sorgt für eine unnatürliche, gekrümmte Sitzposition im Rollstuhl. Diese ist problematisch, da sie die Funktionsfähigkeit von Lungen und Zwerchfell und damit die Atmung beeinträchtigt. Bei einer Wirbelsäulenbegradigung werden Metallstangen und Querverbindungen mit Schrauben an den Wirbelkörpern befestigt. 3D-Modell: Marius Ebel

stäben rechts und links der Dornfortsätze der Wirbelkörper stabilisiert. Die Stäbe werden dabei mit Schrauben an den einzelnen Wirbelkörpern befestigt. Bei der Operation liegt man in Bauchlage auf speziellen Kissen. Nach der Montage der Stäbe wird ein sogenannter „Aufwachtest“ durchgeführt, bei dem man, sobald man aus der Narkose teilweise erwacht, auf Kommando beide Arme und Füße bewegen soll. Daran habe ich jedoch keine Erinnerung.
Der Eingriff dauerte insgesamt acht Stunden. Ich kann mich daran erinnern, wie ich wach wurde und der Beatmungstubus noch in meiner Luftröhre steckte. Meine Eltern waren Gott sei Dank zugegen, als ich aus der Narkose zu mir kam und wegen des Tubus in Panik geriet. Zum Glück kam sofort ein Arzt, der den Tubus entfernte. Dann weiß ich nur noch, dass ich höllischen Durst hatte, aber nicht

eher etwas trinken durfte, bis ich zum ersten Mal Wasser gelassen hatte. Wie erfrischend waren die in irgendeine Flüssigkeit getunkten große Wattestäbchen, mit der meine Mutter mir durch den ausgetrockneten Mund strich! Seit diesem Tag ist mir jedenfalls klar, was Durst bedeutet. Die Operation verlief zum Glück ohne Komplikationen. Ich kann mich auch nicht daran erinnern, dass ich starke Schmerzen hatte. Schon am Tag nach der Operation saß ich wieder im meinem Rollstuhl und aß mit Genuss einen Big Mac und eine Portion Chicken McNuggets.

Am 1. August, also zwei Wochen nach der Operation, wurde ich entlassen. Die Nähte wurden ein paar Wochen später von meinem damaligen Kinderarzt gezogen. Im Waldkrankenhaus stellte ich mich erst sechs Monate später wieder vor.

Eine der Befürchtungen, die meine Eltern und auch ich bereits im Vorfeld hatten, betraf das selbstständige Essen. Eine Stabilisierung der Wirbelsäule mithilfe von nicht biegsamen Metallstangen führt

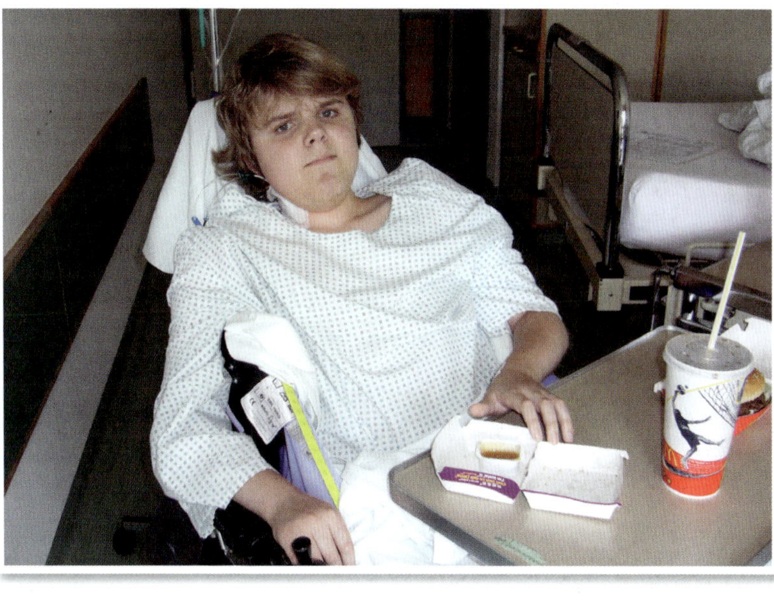

Am Tag nach der Wirbelsäulenoperation saß ich schon wieder im Rollstuhl und genoss Burger, Nuggets und Cola, die meine Mutter mir besorgt hatte.

nicht nur zur einer Begradigung, sondern hat natürlich auch eine verminderte Flexibilität der Wirbelsäule zur Folge. Man kann keinen Rundrücken mehr machen. Das kann beim Essen zum Problem werden. Bisher konnte ich mich problemlos nach vorne über den Teller beugen, um das Essen dann mit der Gabel in meinen Mund zu befördern. Wir machten uns Sorgen, dass dies nach der OP nicht mehr möglich sein würde und meine Eltern mich von nun an füttern müssten. Der Gedanke war der absolute Horror, wie ihr euch vorstellen könnt. Ich hatte keine Lust, mit 13 im Rollstuhl zu sitzen und dann auch noch morgens, mittags und abends gefüttert zu werden. Das hätte meine Lebensqualität massiv beeinträchtigt, ich wäre sozusagen doppelt hilflos gewesen. Zum Glück waren die Sorgen aber unbegründet. Bis heute bin ich in der Lage, selbstständig zu essen.

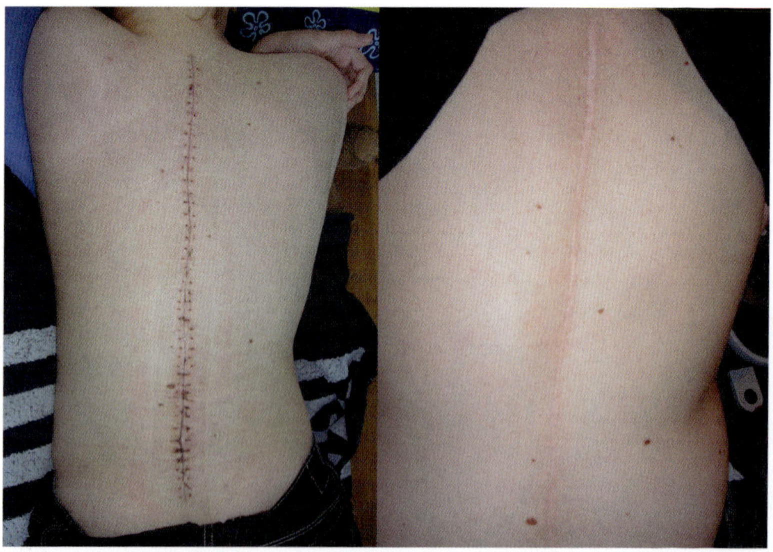

Links eine Aufnahme der Naht entlang meiner Wirbelsäule, nachdem die Fäden gezogen wurden. Wie man rechts sieht, ist sie mittlerweile gut abgeheilt, aber natürlich weiterhin sichtbar. Probleme bereitet mir mein Rücken seither eigentlich nicht mehr. Ich sitze gerade in meinem Rollstuhl und kann mich zum Essen vornüberbeugen. Allerdings bin ich durch die Verschraubung der Fixierungsstangen an meinen Wirbelkörpern und am Steißbein jetzt etwas empfindlicher gegen Erschütterungen.

Weserbergland-Klinik Höxter: die Rehas

Ich hatte euch ja schon auf Seite 26 davon erzählt, dass meine Eltern, kurz nachdem bei mir Duchenne Muskeldystrophie diagnostiziert worden war, der Aktion Benni & Co. (heute Duchenne Deutschland e.V.) beigetreten waren. Dieser Zusammenschluss von Eltern betroffener Kinder hatte sich zum Ziel gesetzt, die Öffentlichkeit auf die Krankheit aufmerksam zu machen und Spendengelder zur Finanzierung von Forschungsprojekten zu sammeln, um eine Therapie für eine Heilung zu finden. Im Zuge dieser Öffentlichkeitsarbeit tauchte meine Geschichte auch in mehreren überregionalen Zeitschriften auf.
Anfang 2001 erhielten wir einen Anruf von Joachim Friedrich, Gründer der Deutschen Muskelschwund-Hilfe Hamburg e. V. (www.muskelschwund.de). Ihm war meine Story beim Lesen einer dieser Zeitschriften aufgefallen. Joachim Friedrich war selbst an Muskelschwund erkrankt. Der von ihm gegründete Verein hatte sich zum Ziel gesetzt, allen an Muskelschwund Erkrankten und deren Angehörigen Mut zu machen, sie auf ihrem Weg zu begleiten und ihnen kostenlose Unterstützungsangebote zukommen zu lassen, ohne dass man dem Verein beitreten musste.
Eines der Angebote, von dem uns Herr Friedrich berichtete, war die Weserbergland-Klinik in Höxter, die mit der Deutschen Muskelschwundhilfe kooperierte und sich als Therapiezentrum für neuromuskuläre Erkrankungen verstand. Man hatte dort spezielle physikalische und rehabilitative Therapien entwickelt und dabei einen besonderen Schwerpunkt auf neuromuskulär erkrankte Kinder und Jugendliche gelegt. Auf Wunsch konnten auch Eltern oder andere Begleitpersonen mit aufgenommen werden. Insbesondere der Schwerpunkt auf Kinder und Jugendliche war außergewöhnlich und erweckte natürlich sofort das Interesse meiner Eltern.
Fast den ganzen April 2001 war ich dort in stationärer Behandlung. Ich saß damals noch nicht im Rollstuhl und konnte noch etwa 500

Meter gehen, was mich jedoch sehr viel Kraft kostete. Dementsprechend erschöpft war ich nach einem solchen „Marathon". Ich hatte deshalb einen dreirädrigen Tretroller, mit dem ich durch die Flure des Krankenhauses von Behandlung zu Behandlung flitzte.
Wie erwartet, wurde ich in den ersten Tagen auf den Kopf gestellt und musste mehrere körperliche Untersuchungen über mich ergehen lassen, ähnlich denen in der Uniklinik Düsseldorf, inklusive Labor, EKG und Echokardiographie. Dann folgten fast vier Wochen krankengymnastische Einzelbehandlungen mit einem speziell für muskelkranke Patienten konzipierten Übungsprogramm zur Kräftigung der noch erhaltenen Muskulatur, besonders der Beine. Ich machte Übungen zum Trainieren des Gleichgewichts, war häufig im Bewegungsbad zur allgemeinen Kräftigung meiner Muskulatur sowie in einem Überwärmungsbad, wodurch mein Stoffwechsel gesteigert und die Durchblutung meiner Muskulatur verbessert werden sollten. Ich nahm an ergotherapeutischen Gruppenbehandlungen teil und machte täglich Atemgymnastik.
In Höxter erhielt ich auch zum ersten Mal logopädische Behandlungen. Ich lispelte leicht und meiner Zunge, die ja auch ein Muskel ist, fehlte es an Spannung. Man nennt das eine muskuläre Hypotonie der Zunge. Diese sorgte dafür, dass meine Zunge eine unnatürliche Ruhelage einnahm, wenn sie nicht gerade mit Sprechen oder Kauen beschäftigt war. Sie neigte dann dazu, aus dem Mund zu ragen, ohne dass ich es bemerkte. Die fehlende Spannung der Zungen- und auch der Lippenmuskulatur führten bei mir zu einem unnatürlichen Schluckmuster, durch das ein Verschlucken begünstigt wurde. Die Logopädie habe ich seit damals beibehalten. Noch heute erhalte ich zweimal pro Woche eine logopädische Behandlung.
Ich war im Zeitraum von 2001 bis 2007 insgesamt fünf Mal in der Weserbergland-Klinik in Höxter, immer für zwei Wochen. Das letzte Mal hat mich meine Oma dorthin begleitet. Bei meinem zweiten Aufenthalt lernte ich Vincent und Kevin kennen, die wie ich an Duchenne Muskeldystrophie litten und so alt waren wie ich. Wir hat-

ten uns recht schnell angefreundet und verbrachten viel Zeit miteinander. Es fühlte sich ein bisschen an wie Urlaub. Ihre Mütter und meine Mutter tauschten sich natürlich auch miteinander aus. Von Vincents Mutter erhielten wir den Tipp, die Pflegestufe zu beantragen, die nach Einreichen der entsprechenden Unterlagen 2003 bewilligt wurde (Pflegestufe 3, jetzt habe ich Pflegegrad 4).
Kennengelernt habe ich in Höxter aber auch jemanden, dessen Namen ich nicht kenne, der mein Leben jedoch gewissermaßen beeinflusst hat. Der Junge war damals 17 und hatte ebenfalls Duchenne. Wenn ich mit meinem Tretroller am Spielzimmer des Krankenhauses vorbeifuhr, sah ich ihn in seinem Rollstuhl an einem PC sitzen. Ich war neugierig und wollte wissen, was er dort tat. Er spielte Rol-

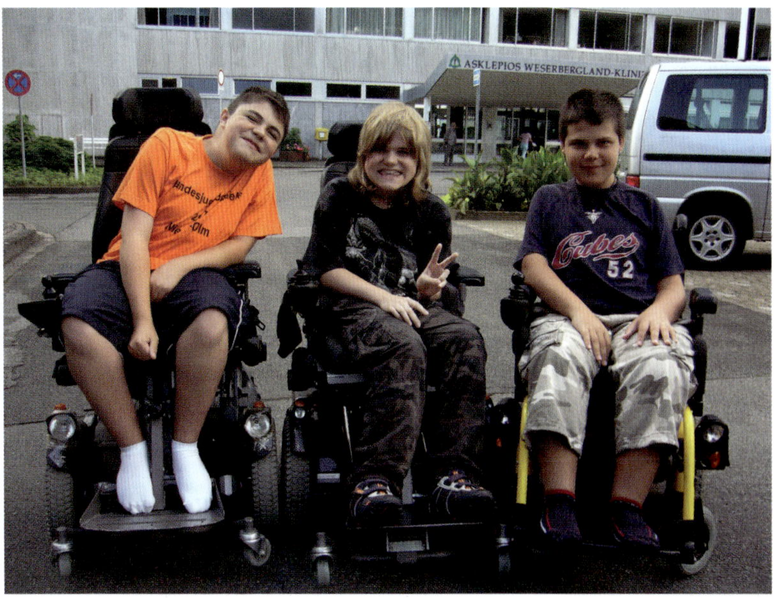

Patrick (links) und John (rechts) habe ich während eines Aufenthaltes in der Weserberglandklinik in Höxter kennengelernt. Leider haben beide diese Welt bereits verlassen. Meine schiefe Sitzhaltung weist auf eine Skoliose hin. Bei Patrick erkennt man den Spitzfuß, der sich durch die Verkürzung der Wadenmuskulatur entwickelt hat. John wirkt auf den ersten Blick gesund. Sein Problem war jedoch das Herz. Es hat aufgehört zu schlagen, als er gerade einmal 17 Jahre alt war.

ler Coaster Tycoon, ein Aufbauspiel, bei dem man die Attraktionen in einem Vergnügungspark bauen musste, darunter eine Achterbahn. Das Spiel zog mich sofort in seinen Bann. Ich habe es später zuhause nicht nur oft gespielt, sondern es hat vielmehr in mir das Interesse dafür geweckt, dass man am PC etwas bauen, erschaffen konnte. Das – und da bin ich mir absolut sicher – war ausschlaggebend dafür, dass ich mich später zum Technischen 3D-Produktdesigner habe ausbilden lassen und das Thema 3D-Modellierung auch heute noch das Hobby ist, dem ich am meisten Zeit widme. Ein paar meiner frühen „Werke" findet Ihr unter https://topperdillon.tumblr.com.

Therapien und Hilfsmittel

Beatmung

Ich benutze seit etwa sieben Jahren ein Beatmungsgerät, das mich nachts bei meiner Atmung unterstützt und mich tagsüber wacher und fitter sein lässt. An die Maske und an das Geräusch während der Beatmung habe ich mich mittlerweile gewöhnt. Ich höre beim Einschlafen Musik und blende das Geräusch so aus. Zusätzlich nutze ich einen Hustenassistenten, um das Abhusten von Schleim in den Atemwegen zu trainieren. Müsste ich eigentlich jeden Tag machen, aber nun ja …

Logopädie

Wie schon gesagt, mache ich seit vielen Jahren zweimal wöchentlich Logopädie, um Mundschluss und Lippenspannung zu trainieren, meine Zunge zu kontrollieren und zu lernen, wie man richtig atmet. Das hört sich jetzt vielleicht komisch an, aber viele atmen tatsächlich falsch und zwar in die Lungen anstatt in den Bauch. Es gibt einen interessanten Podcast der Silbermond-Sängerin Stefanie Heinzmann, in dem sie darüber spricht, dass auch sie jahrelang falsch geatmet hat. Seitdem sie bewusst in den Bauch atmet, hat sie eine deutlich kräftigere Stimme. Für Menschen mit Muskeldystrophie ist die Fähigkeit, tief atmen zu können, extrem wichtig. Mit Logopädie kann man nicht früh genug anfangen.

Physiotherapie

Zweimal in der Woche kommt ein Physiotherapeut zu mir nach Hause, um meine Arme und Beine zu mobilisieren und die Versteifung der Gelenke hinauszuzögern. Um Muskelkontraktionen entgegenzuwirken (sie entstehen, weil sich das Muskelgewebe in Bindegewebe umwandelt), trage ich regelmäßig, aber nicht immer, Hand- und Beinschienen. Das ist unangenehm, weil schmerzhaft. Aber da muss ich durch.

Psychotherapie

Man lernt, mit der Krankheit zu leben. Zwangsläufig, ob man will oder nicht. Ich fragte zwar hin und wieder meine Eltern, was mit mir los sei, bekam Antworten, recherchierte im Internet, doch was das alles tatsächlich bedeutete, war mir lange Zeit nicht klar. Bis ich meine erste Panikattacke hatte. Das war wie ein Warnschuss. Daraufhin ging ich zu einem Psychotherapeuten, der mir die Selbstbewältigungstherapie beibrachte. Seitdem setze ich mich mit meiner Erkrankung bewusst auseinander. Ich habe gelernt, das Schwinden meiner körperlichen Fähigkeiten zu akzeptieren. Jeder Fähigkeitsverlust macht mich natürlich traurig, weil ein Teil von mir für immer weg ist, aber trotzdem versuche ich, den Verlust zu verarbeiten und das Leben trotz Krankheit – oder gerade wegen ihr – zu genießen.

Duchenne-Forschung

Während sich das Wissen der Menschheit über Jahrhunderte hinweg nur relativ langsam vermehrt hat, verdoppelt es sich Schätzungen zufolge heutzutage etwa alle 12 Monate. Die Menschheit ist also jedes Jahr doppelt so schlau wie noch im Jahr zuvor. Das finde ich erstaunlich.

Doch bedeutet eine solch rasante Zunahme von Wissen längst noch nicht, dass die medizinische Forschung, beispielsweise die Suche nach einer Therapie zur ursächlichen Behandlung und Heilung von Duchenne Muskeldystrophie, in gleichem Maße voranschreitet. Seit der Entdeckung des Dystrophin-Gens 1986 durch Louis Kunkel an der Harvard Medical School hat sich zwar viel getan, die Ursachen der Krankheit sind geklärt, aber heilbar ist Duchenne Muskeldystrophie bis heute leider nicht.

Auf den folgenden Seiten habe ich versucht, den Stand der Duchenne-Forschung zum Zeitpunkt der Drucklegung dieses Buches zusammenzutragen. Dabei habe ich mich zahlreicher Quellen im Internet bedient. Besonders nützliche Informationen fand ich auf der Homepage der „Deutsche Duchenne Stiftung e. V." (www.duchenne-deutschland.de), der „Deutsche Gesellschaft für Muskelkranke e. V." (www.dmd.org), sowie des „Parent Project Muscular Dystrophy" (www.parentprojectmd.org), der englischsprachigen Webseite einer Elternvereinigung in den USA. Unter dem Menüpunkt „Research" findet man dort eine Fülle von Informationen zum Stand der Forschung und zu klinischen Studien. Eine sehr empfehlenswerte Lektüre.

Duchenne Muskeldystrophie ist eine genetisch bedingte Erkrankung, die äußerst komplex ist und mehrere Organe gleichzeitig betrifft; im Prinzip alle Organe, die aus Muskelgewebe bestehen. Wie bereits zuvor mehrfach erwähnt, werden die Krankheitssymptome im Fall von Duchenne durch einen Fehler (eine sogenannte Mutation oder Deletion) in einem der größten Gene des menschlichen Körpers

verursacht, dem Dystrophin-Gen. Dieser kleine Fehler in einem bestimmten Bereich des X-Chromosoms (stell dir einfach einen einzigen Buchstabenvredreher [Mutation] oder das Fehlen eines Bchstabens [Deletion] in einem 2,5 Millionen Buchstaben langen Text wie der Bibel vor) hat äußerst schwerwiegende Auswirkungen. Er hat zur Folge, dass im Körper der Betroffenen ein bestimmtes Körpereiweiß (Protein), das Dystrophin, entweder gar nicht oder nur unvollständig gebildet wird.
Bei manchen Mutationen oder Deletionen wird in den Zellen kein Dystrophin produziert oder nur in kaum nachweisbarer Menge und unzureichender Qualität (Größe). Ein solches Dystrophin bezeichnet man als nicht funktional. Das Eiweiß ist zu klein, ihm fehlen aufgrund des fehlerhaften Bauplans einfach zu viele Bestandteile, um seine Aufgaben erfüllen zu können. Mutationen oder Deletionen, die die Produktion von nicht funktionalem Dystrophin zur Folge haben, rufen eine Muskeldystrophie vom Typ Duchenne hervor, die aggressivere von zwei Varianten, an der auch ich leide. Bei mir fehlt in einem als Exon 51 bezeichneten Abschnitt des Dystrophin-Gens auf dem X-Chromosom ein einziges Basenpaar („Buchstabe").
Es gibt andere Deletionen bzw. Mutationen, bei denen zwar Dystrophin produziert wird, allerdings in minderer Qualität. Es funktioniert sozusagen „so gerade eben noch". Diese Mutationen rufen eine sanfter verlaufende Variante von Muskeldystrophie hervor, die als Becker-Kiener bezeichnet wird. Becker-Kiener-Patienten können oft bis ins junge Erwachsenenalter noch gehen.

Man geht heute davon aus, dass Duchenne Muskeldystrophie nicht durch eine einzige Therapie geheilt werden wird, sondern dass die Behandlung dieser Krankheit vielschichtig ist. Die Forschung konzentriert sich dabei auf verschiedene therapeutische Ansätze, die ich weiter unten genauer erläutern werde. Doch zunächst ein paar Informationen zur Funktion von Dystrophin.

Die Funktion von Dystrophin in Muskelzellen

Um Kraft und Bewegung zu erzeugen, die für Körperfunktionen wie das Bewegen von Gliedmaßen, das Pumpen von Blut und die Atmung unerlässlich sind, müssen sich Muskeln zusammenziehen können (Kontraktion). Dass Muskeln dazu in der Lage sind, basiert auf der Wechselwirkung zwischen zwei Arten von Proteinen innerhalb der Muskelzellen, dem Aktin und dem Myosin. Diese Proteine können aneinander vorbeigleiten, den Muskel verkürzen und dadurch die für eine Bewegung erforderliche Kraft erzeugen (eine anschauliche Darstellung findet ihr unter diesem Link: www.youtube.com/watch?v=7J_p3MejT34). Der Muskel verrichtet physikalisch betrachtet Arbeit. Im Falle des Bizeps, des Muskels, der am Schulterblatt und dicht oberhalb des Ellenbogengelenks ansetzt, besteht diese Arbeit darin, den Unterarm in Richtung Schulter zu beugen. Der Gegenspieler (Antagonist) des Bizeps ist der Trizeps. Wenn sich der Trizeps kontrahiert, wird der Unterarm wieder gestreckt und der Bizeps gleichzeitig gedehnt (Relaxation).

Die Kontraktion ist eine mechanische Belastung für die Muskelzelle. Dystrophin hat die Aufgabe, die Muskelzelle vor dieser Belastung zu schützen und vor Schäden zu bewahren, indem es die Muskelzelle stabilisiert. Zu ihrem Schutz ist jede Muskelzelle von einer Membran umgeben, die mit bestimmten Verankerungsproteinen gespickt ist. Diese Proteine befestigen die Muskelzellen in dem sie umgebenden Gewebe (der sogenannten Matrix) und verleihen ihnen dadurch Stabilität und Elastizität. Dystrophin ist hier das Seil oder der Klebstoff, mit dem diese Verankerungsproteine an der Zellmembran befestigt werden. Ohne Dystrophin gibt es dieses komplexe System der Verankerungsproteine nicht. Die Muskelzellen verlieren ihre Stabilität und werden brüchig. In der Zellmembran entstehen dann kleine Öffnungen, durch die Kalzium-Ionen in die Muskelzelle eintreten und für den Zellstoffwechsel wichtige Stoffe austreten können, woran die Muskelzellen zugrunde gehen.

Geschädigte Muskelzellen rufen wiederum Entzündungen hervor, die letztlich zum Abbau der Muskelfasern führen. Der Körper ist nämlich bestrebt, Entzündungen so schnell wie möglich einzudämmen. Dazu aktiviert er Entzündungszellen, welche die beschädigten Zellen abbauen. Weil die Muskelzellen aber nicht alle gleichzeitig, sondern nach und nach geschädigt werden, werden sie auch vom Körper nach und nach abgebaut. Jemand, der an Duchenne Muskeldystrophie leidet, lebt sozusagen in einem ständigen Entzündungszustand, weil zu jedem beliebigen Zeitpunkt irgendwo im Körper Muskelzellen zerfallen und der Körper darauf mit der Aktivierung von Entzündungszellen reagiert. Hier setzt übrigens die Kortisontherapie an, die zum Ziel hat, die Entzündungen einzudämmen und so den Zerfall der Muskelzellen zu verlangsamen.

Genmutationen

Genmutationen sind Veränderungen in der DNA-Sequenz eines Gens, die dazu führen können, dass das Gen seine normale Funktion verliert. Die DNA ist der Bauplan für unser Erbgut und besteht aus einer Abfolge von Basenpaaren. Eine Genmutation kann entstehen, wenn es bei der Replikation der DNA zu Fehlern kommt oder wenn die DNA durch schädliche Umweltfaktoren wie Strahlung oder Chemikalien beschädigt wird.

Es gibt verschiedene Arten von Genmutationen. Eine Punktmutation ist eine Veränderung eines einzelnen Basenpaars in der DNA-Sequenz. Eine Deletion führt dazu, dass ein Teil der DNA-Sequenz verloren geht (wie in meinem Fall), während eine Insertion dazu führt, dass ein zusätzliches Basenpaar in die DNA-Sequenz eingefügt wird. Eine Inversion tritt auf, wenn ein Teil der DNA-Sequenz umgedreht wird.

Einige Genmutationen können wie im Fall von Duchenne Muskeldystrophie zu Erkrankungen führen, während andere keine Auswirkungen haben oder sogar von Vorteil sein können. Ein Beispiel für eine vorteilhafte Genmutation ist die Sichelzellenanämie, die Menschen vor Malaria schützen kann. Menschen mit einer Sichelzellmutation produzieren veränderte Hämoglobinmoleküle, die zu einer Verformung der roten Blutkörperchen führen. Diese verformten roten Blutkörperchen können nicht so leicht von den Malaria-Parasiten befallen werden, wodurch das Risiko, an Malaria zu erkranken, verringert wird.

Gentherapie

Die drei Ansätze, auf die sich die Gentherapie fokussiert, bestehen darin, 1) in die Zelle eine intakte Kopie des Dystrophie-Gens, in dem der Bauplan für das Dystrophin-Protein hinterlegt ist, einzuschleusen und das fehlerhafte Dystrophin-Gen sozusagen zu ersetzen, 2) den mutierten Abschnitt zu reparieren oder 3) ihn zu überspringen (Exon-Skipping).

1) Einschleusen intakter Gene: Ein sehr vielversprechender Ansatz basiert auf der Verwendung von Adeno-assoziierten Viren (AAV) als Transportmedium, um gesunde Dystrophin-Gene in die Muskelzellen einzuschleusen. AAVs sind modifizierte Viren, die genetisches Material in die Zielzellen transportieren können, ohne selbst eine Krankheit zu verursachen. Das Ziel besteht also darin, das gesunde Dystrophin-Gen in die Muskelzellen einzubringen, damit dieses während der Proteinsynthese als korrekter Bauplan für die Herstellung von funktionsfähigem Dystrophin-Protein verwendet wird. Man bezeichnet solche Viren als Vektoren.
Für den Transport kann man nicht irgendein Virus verwenden. Das Virus muss zwei wesentliche Eigenschaften aufweisen: Zum einen muss es groß genug sein, um ausreichend Platz für seinen „Passagier", das künstlich hergestellte Gen, zu bieten, andererseits muss es klein genug sein, um die Zellwand durchdringen zu können und

in das Innere der Zelle zu gelangen. AAVs, die normalerweise beim Menschen Erkrankungen der Atemwege hervorrufen, erfüllen diese beiden wichtigen Kriterien.

2) Gen-Reparatur: Nicht nur für das Einschleusen des Dystrophin-Gens in die Muskelzellen, sondern auch für die Reparatur eines mutierten Genabschnitts gibt es vielversprechende Ansätze. Einer basiert darauf, dass man den defekten Teil des Gens „herausschneidet", um anschließend an derselben Stelle einen fehlerfreien „Gen-Schnipsel" einzubauen. Die Technologie für diese Art von Genmanipulation hat den etwas kryptischen Namen CRISPR/Cas9 und wird auch als molekulare Schere bezeichnet. CRISPR/Cas9 hat das Potenzial, ein Gamechanger in der Gentherapie zu werden, weil sich erstmals gezielte Änderungen am Genom vornehmen lassen. Der Ansatz ist extrem vielversprechend.

3) Exon-Skipping: Bei der Methode des Exon-Skipping versucht man, die Qualität des produzierten Dystrophins dadurch zu verbessern, dass man die Abschnitte des Dystrophin-Gens, die von einer Mutation oder Deletion betroffen sind, einfach überspringt. Hierzu wird ein künstlich hergestelltes DNA- oder RNA-Molekül (ein sogenanntes Oligonukleotid) in die Zellen eingeschleust. Es ist so konstruiert, dass es sich an eine spezifische Stelle des Gens bindet, an der sich der Code für das mutierte Protein befindet. Diese Bindung überbrückt die mutierte Stelle, sodass sie nicht in das endgültige Protein eingebaut wird. Dadurch wird zwar eine modifizierte, jedoch funktionsfähige Form des Proteins produziert. Exon-Skipping ist nicht bei allen 79 kodierenden Abschnitten (Exon) des Dystrophin-Gens möglich, sondern nur bei den Mutationen oder Deletionen, bei denen durch Überspringen eines bestimmten Exons die ursprüngliche Abfolge der Basen (das sogenannte Leseraster) wiederhergestellt werden kann (Exon 49, Exon 51, Exon 53). Beim Exon-Skipping kommt übrigens die oben erwähnte molekulare Schere CRISPR/Cas9 zum Einsatz, um die fehlerhafte Stelle im Genom zu identifizieren und dort das künstlich hergestellte Oligonukleotid zur Überbrückung einzufügen.

Pharmakologische Therapien

Es gibt verschiedene pharmakologische Ansätze, die darauf abzielen, Symptome von Duchenne Muskeldystrophie zu lindern oder den Krankheitsverlauf zu verlangsamen. Steroide wie Prednison und Deflazacort haben sich als wirksam erwiesen, die Kraft und die Funktion der Muskulatur dadurch verbessern, dass sie die durch das Absterben der Muskelzellen hervorgerufene Entzündungsreaktion verringern. Sie wirken also indirekt. Sie verhindern zwar nicht das Absterben der Muskelzellen und können Duchenne Muskeldystrophie nicht heilen, da sie die Ursache der Krankheit nicht bekämpfen, sie mindern aber die negativen Begleiterscheinungen. Ich nehme Prednison seit meinem 6. Lebensjahr in einem 10-Tage-Wechsel, mittlerweile in deutlich reduzierter Dosierung im Vergleich zu früher.

Stammzelltherapie

Stammzellen haben einige Schlüsseleigenschaften, die sie zu etwas Besonderem machen: Sie können sich teilen und dadurch weitere Stammzellen produzieren und sich auf diese Weise im Laufe der Zeit immer wieder erneuern (Selbsterneuerung). Außerdem haben sie die einzigartige Fähigkeit, sich zu verschiedenen Zelltypen im Körper zu entwickeln, beispielsweise zu Muskelzellen, Nervenzellen oder zu Blutzellen (Differenzierung). Im Gegensatz zu den meisten Zellen im Körper, die bestimmte Aufgaben erfüllen (wie Hautzellen oder Leberzellen), ist eine Stammzelle zunächst „ein unbeschriebenes Blatt“ ohne eine bestimmte Rolle. Bei Bedarf kann sie sich zu einer spezialisierten Zelle entwickeln (Spezialisierung).

Stammzellen können dabei helfen, beschädigtes Gewebe zu reparieren, indem sie neue Zellen erzeugen, um verlorene oder beschädigte Zellen zu ersetzen.
Insbesondere die Eigenschaft der Differenzierung, sich beispielsweise in eine Muskelzelle verwandeln zu können, macht Stammzellen bzw. die Stammzelltherapie zu einer interessanten Methode bei der Behandlung von Duchenne Muskeldystrophie.
Es gibt jedoch auch Herausforderungen. Nicht alle Stammzellen sind gleich. Wissenschaftler müssen die richtige Art von Stammzellen finden, die sich in die spezifischen Zellen verwandeln können, die für eine Therapie benötigt werden. Im Fall von Duchenne Muskeldystrophie sind das Stammzellen, die sich in Muskelzellen verwandeln können. Außerdem hat die oben erwähnte Fähigkeit zur Selbsterneuerung zur Folge, dass Stammzellen sich stark vermehren können. Dies ist zwar einerseits wünschenswert, um genügend Zellen für eine Therapie zu erzeugen, andererseits bedeutet es aber auch, dass das Risiko besteht, dass sie unkontrolliert wachsen und Tumore bilden. Das Wachstum von Stammzellen muss also kontrolliert werden können.
Eine große Herausforderung ist auch sicherzustellen, dass die Stammzellen, nachdem sie einem Patienten verabreicht wurden, an die richtige Stelle im Körper gelangen und sich dort in den gewünschten Zelltyp verwandeln. Außerdem könnte das Immunsystem des Körpers die neuen Stammzellen als fremd ansehen und sie angreifen, genau wie es bei einem Virus, einem Bakterium oder auch bei einem transplantierten Organ der Fall ist.
Einige Arten von Stammzellen, beispielsweise solche, die aus Embryonen gewonnen werden, werfen für manche Menschen ethische Bedenken auf, was den Einsatz bestimmter Stammzelltypen in der Therapie erschweren kann.
Wissenschaftler untersuchen immer noch die langfristigen Auswirkungen von Stammzelltherapien, denn diese Art der Behandlung muss (ebenso wie die Gentherapie) nicht nur kurzfristig, sondern über Jahre hinweg sicher und wirksam sein.

Mikro-Dystrophin und Mini-Dystrophin

Als weitere mögliche Therapien für Duchenne Muskeldystrophie hat man verkürzte Versionen des Proteins Dystrophin entwickelt, die als Mikro-Dystrophin und Mini-Dystrophin bezeichnet werden. Diese Eiweiße enthalten ausgewählte Bereiche des Original-Proteins, die für die Aufrechterhaltung der Muskelstruktur und -funktion wichtig sind. Sie wurden so entworfen, dass sie in das Muskelgewebe aufgenommen werden können und dort eine ähnliche Funktion wie das vollständige Dystrophin-Protein ausüben. Mikro-Dystrophin ist eine etwa 30 Prozent kleinere Version des Dystrophin-Proteins, die durch das Entfernen einiger nicht-essenzieller Regionen im Dystrophin-Gen erzeugt wird. Mini-Dystrophin ist eine weitere verkürzte Version des Proteins, die etwa halb so groß ist wie das vollständige Dystrophin-Protein.

Physiotherapie

Auch die Physiotherapie spielt eine wichtige Rolle bei der Behandlung von Duchenne Muskeldystrophie. Sie zielt darauf ab, die Mobilität und Muskelkraft so lange wie möglich zu erhalten und zu verbessern. Kontrakturen sind eine häufige Komplikation bei Duchenne Muskeldystrophie. Mit regelmäßiger Physiotherapie kann man Kontrakturen verzögern oder ihnen entgegenwirken, indem man gezielte Dehnungsübungen durchführt.

Narbenbildung (Fibrose) reduzieren

Bei Duchenne Muskeldystrophie führt die langfristige Schädigung der Muskelfasern zu einer Fibrose des Muskels (eine Vernarbung durch Bindegewebsbildung), was zur Verschlechterung der Muskelfunktion und zu einer Verschlimmerung der Symptome führen kann.

Eine Möglichkeit, Fibrosen bei Duchenne Muskeldystrophie zu reduzieren, ist die Verwendung von Kortikosteroiden wie Prednison oder Deflazacort, die die Entzündung im Muskelgewebe reduzieren und so den fortschreitenden Verlust von Muskelgewebe verzögern. Eine andere Methode setzt auf die Verwendung von Medikamenten, die die sogenannte Fibrinolyse verbessern. Mit Fibrinolyse bezeichnet man den natürlichen Prozess des Körpers zur Auflösung von Blutgerinnseln und Narbengewebe. Medikamente, die die Fibrinolyse stimulieren, können deshalb dazu beitragen, die Fibrose bei Duchenne Muskeldystrophie zu reduzieren.
Ein weiterer Ansatz ist die Verwendung von Medikamenten, die direkt auf das Bindegewebe des Muskels abzielen, beispielsweise Pirfenidon, ein Medikament, das bei Lungenfibrose eingesetzt wird. Es wurde bei einigen Patienten mit Duchenne Muskeldystrophie getestet und zeigte positive Auswirkungen auf die Muskelkraft und die Beweglichkeit.

Regulation des Kalziumhaushalts

Bei Duchenne Muskeldystrophie ist der Kalziumhaushalt in den Muskelzellen gestört, was zu einer Überlastung der Zellen und zu einer Schädigung des Muskelgewebes führt. Eine Möglichkeit, den Kalziumhaushalt in den Muskeln bei Duchenne Muskeldystrophie zu regulieren, besteht darin, die Aktivität des Enzyms Calpain zu hemmen. Calpain unterstützt den Abbau von Proteinen im Muskelgewebe und ist bei Duchenne Muskeldystrophie übermäßig aktiv, was zur Zerstörung von Muskelzellen führt. Die Hemmung von Calpain kann daher dazu beitragen, die Schädigung der Muskelzellen zu reduzieren und den Kalziumhaushalt in den Muskeln zu normalisieren.
Eine weitere Möglichkeit zur Regulierung des Kalziumhaushalts ist die Verwendung von Medikamenten, die den Kalziumeinstrom in die Muskelzellen reduzieren. Beispielsweise können sogenannte

Kalziumkanalblocker wie Diltiazem und Verapamil, die normalerweise zur Behandlung von Bluthochdruck eingesetzt werden, auch dazu beitragen, den Kalziumhaushalt in den Muskeln zu regulieren und so die Schädigung der Muskelzellen zu reduzieren.

Ein anderer Ansatz besteht in der Verwendung von Medikamenten, die die Calcium-ATPase stimulieren. Die Calcium-ATPase ist ein Enzym, das den Kalziumtransport aus den Muskelzellen reguliert. Medikamente wie PTC124 und PTC-02 können dazu beitragen, die Aktivität der Calcium-ATPase zu erhöhen und so den Kalziumhaushalt in den Muskelzellen zu normalisieren.

Entzündungen des Muskelgewebes reduzieren

Bei Duchenne Muskeldystrophie treten Entzündungen des Muskelgewebes auf, die zur Schädigung von Muskelzellen und damit zur Verschlechterung der Muskelfunktion beitragen. Es gibt verschiedene Ansätze zur Reduzierung dieser Entzündungen.

Kortikosteroide wie Prednison oder Deflazacort sind die am häufigsten verwendeten Medikamente zur Verringerung von Entzündungen bei Duchenne Muskeldystrophie. Sie reduzieren die Freisetzung von entzündungsauslösenden Substanzen wie Interleukin-6 und vermindern so die Schädigung von Muskelzellen. Auch Immunsuppressiva oder immunmodulierende Medikamente wie Azathioprin, Methotrexat oder Cyclosporin A können die Aktivität des Immunsystems reduzieren und so ebenfalls Entzündungen vermindern.

Oxidativer Stress und eine gestörte Redoxbalance können ebenfalls zu Entzündungen beitragen. Eine gestörte Redoxbalance tritt auf, wenn das Gleichgewicht zwischen oxidierenden und reduzierenden Molekülen im Körper gestört ist. Normalerweise arbeiten im Körper antioxidative Enzyme und Moleküle wie Glutathion und Vitamin C zusammen, um das Gleichgewicht der oxidierenden und reduzierenden Moleküle aufrechtzuerhalten. Wenn jedoch zu vie-

le oxidierende Moleküle im Körper vorhanden sind oder die antioxidativen Systeme nicht ausreichend funktionieren, kann eine gestörte Redoxbalance entstehen, die zu einer Schädigung von Zellen und Geweben führen kann. Antioxidantien wie Vitamin E oder N-Acetylcystein können diese Schädigung reduzieren.
Auch eine Ernährung, die reich an entzündungshemmenden Nährstoffen wie Omega-3-Fettsäuren, Vitamin D und Antioxidantien ist, kann dazu beitragen, Entzündungen bei Duchenne Muskeldystrophie zu verringern.

Erhöhung der Mitochondrien in Muskelzellen

Eine Erhöhung der Mitochondrien in Muskelzellen soll bei Duchenne Muskeldystrophie zur Verbesserung der Zellfunktionen des Muskels beitragen. Nahrungsergänzungsmittel wie Coenzym Q10, Kreatin oder L-Carnitin können die Funktion der Mitochondrien verbessern. Auch die Gentherapie ist ein vielversprechender Ansatz, indem man Gene verabreicht, die die Bildung oder Aktivität von Mitochondrien in Muskelzellen erhöhen.

Verbesserung der Herzmuskelfunktion

Die Funktion des Herzmuskels bei Duchenne Muskeldystrophie kann durch verschiedene Ansätze verbessert werden. Medikamente wie ACE-Hemmer und Betablocker können dazu beitragen, den Blutdruck zu senken, das Herz zu entlasten und die Herzfunktion insgesamt zu verbessern. Schließlich verbessert körperliche Aktivität die Herzfunktion. Mit einer Beatmungstherapie kann außerdem der Sauerstoffgehalt im Blut erhöht, das Herz entlastet und die Herzfunktion verbessert werden.

Interessantes

Krankheitsverständnis

Kinder bis zwölf Monate können Krankheit zwar kognitiv nicht verstehen, bemerken aber damit einhergehende Veränderungen, wie z.B. Abwesenheit einer Person oder Haarausfall nach Chemotherapie, und reagieren darauf (vgl. MÖLLER, GUDE, HERRMANN & SCHEPPER 2016, S. 23f.).[10]

Kinder zwischen ein und drei Jahren nehmen Krankheit „als konkret beobachtbares Merkmal" (a.a.O., S. 24) wahr und beobachten körperliche Veränderungen, die in Zusammenhang mit der Erkrankung oder deren Behandlung stehen. Erklärungen für Krankheiten werden oft generalisiert. So können Kinder dieser Altersgruppe annehmen, dass man sich z.B. mit Diabetes ähnlich anstecken kann wie mit einer Grippe (ebd.).

Kinder zwischen vier und fünf Jahren verbinden Krankheit mit Bettlägerigkeit, Schmerzen oder Fieber, einem Arztbesuch und baldiger Besserung (vgl. HAAGEN 2020, S. 5).[11] Manche Erkrankungen zeigen jedoch andere, weniger offensichtliche Merkmale, wirken „unsichtbar und komm[en] scheinbar aus heiterem Himmel" (ebd.). Zusätzlich verstehen sich Kinder in diesem Alter als Mittelpunkt der Welt und glauben, alles beeinflussen zu können (das sogenannte magische Denken). Oft überlagert ihre Fantasie die Realität. Dieses magische Denken, ihr kindliches Verständnis von Kausalität und fehlende realistische Erklärungen können zu Schuldgefühlen führen (vgl. MÖLLER, GUDE, HERRMANN & SCHEPPER 2016, S. 24f.).

10 Birgitt Möller, Marlies Gude, Jessy Herrmann und Florian Schepper: Geschwister chronisch kranker und behinderter Kinder im Fokus. Ein familienorientiertes Beratungskonzept. Göttingen 2016.

11 Miriam Haagen: www.miriam-haagen.de/psychotherapie-vortraege-hamburg/files/Rundbrief_2-2020_Miriam_Haagen_S._4-7_002.pdf, 2020, S. 5.

Kinder zwischen sechs und elf Jahren beobachten Krankheit jetzt nicht nur anhand äußerlicher Merkmale, sondern schätzen sie auch anhand ihrer Entstehung und Prognose ein. Ab diesem Alter sind sie in der Lage, Perspektiven anderer einzunehmen und sich z. B. in ihre Eltern hineinversetzen.

Jugendliche zwischen zwölf und siebzehn Jahren setzen sich v.a. mit der Entstehung der Krankheit auseinander. Dadurch können z. B. bei genetisch bedingten Erkrankungen Ängste, selbst zu erkranken oder es weiter zu vererben, entstehen (vgl. a.a.O., S. 25 f.).[12]

Kinder und Jugendliche, die selbst an einer lebensverkürzenden Erkrankung leiden, erleben viel:

- Informationen und Gedanken zur Krankheit (und mit den Jahren auch zum Sterben)
- Sorgen und Ängste ihrer Eltern und Geschwister
- Folgen und Therapien der Erkrankung
- (v.a. soziale) Einschränkungen durch die Krankheit
- Beeinträchtigung der Lebensqualität
- zunehmende Abhängigkeit und Regression statt zunehmender Autonomie
- Versterben anderer betroffener Kinder und Jugendlicher (vgl. NIETHAMMER 2008, S. 13 f.)[13]

Ihre Erfahrungen damit, ob und in welchem Ausmaß sie einbezogen, d.h. informiert und beteiligt, werden, beeinflussen ihre Krankheitsbewältigung.

12 Birgitt Möller, Marlies Gude, Jessy Herrmann und Florian Schepper: Geschwister chronisch kranker und behinderter Kinder im Fokus. Ein familienorientiertes Beratungskonzept. Göttingen 2016.

13 Dietrich Niethammer: Das sprachlose Kind. Vom ehrlichen Umgang mit schwer kranken und sterbenden Kindern und Jugendlichen. Stuttgart 2008.

Krankheitsbewältigung lässt sich als „Reaktionen zum Umgang mit der Erkrankung" (KRÄMER 2019)[14] definieren, „unabhängig davon, ob der Bewältigungsversuch erfolgreich ist oder nicht" (ebd.). Es handelt sich primär um Verhaltensweisen, die einen bestimmten Zweck erfüllen sollen, z. B. Ablenkung.

Bei Kindern und Jugendlichen mit lebensverkürzenden Erkrankungen ist zu beachten, dass sie sich wiederholt mit ihrer Krankheit und den damit einhergehenden Veränderungen auseinandersetzen und sie bewältigen müssen (ebd.).

Aufklärung

„Die Diagnose [einer lebensverkürzenden Erkrankung] lässt sich vor Kindern nicht verheimlichen" (NIETHAMMER 2008, S. 134).[15]

Auch oder gerade, wenn die Kinder nicht informiert werden, nehmen sie die veränderte Atmosphäre wahr. Wird die Ursache verschwiegen und somit keine Erklärungshilfe durch die Eltern gegeben, sind die Kinder auf sich und ihre Fantasie gestellt und suchen selbst nach Erklärungen. Daraus können Ängste resultieren, die schlimmer sein können als die Realität. Ein Schweigen seitens der Eltern, um ihre Kinder zu schützen, führt daher eher zu einer Verstärkung der belastenden Gefühle (vgl. a.a.O., S. 120 f.).

Grundlegend für eine gelingende Krankheitsbewältigung der betroffenen Kinder ist eine altersgemäße, ehrliche und informative Kommunikation und eine offene Gesprächskultur (vgl. a.a.O., S. 141). Dabei gilt: „Aufklärung ist kein einmaliges Ereignis" (a.a.O., S. 170), sondern ein bedürfnisorientierter Prozess (ebd.).

14 Luise Krämer: Krankheitsbewältigung, in: Dorsch – Lexikon der Psychologie, Bern 2019 (https://dorsch.hogrefe.com/stichwort/krankheitsbewaeltigung).

15 Dietrich Niethammer: Das sprachlose Kind. Vom ehrlichen Umgang mit schwer kranken und sterbenden Kindern und Jugendlichen. Stuttgart 2008.

NACHWORT VON ROLAND PENZ

„Ich habe was, was Du nicht hast“: Diesen Spruch hat Marius auf einem Rucksack, der an der Rückenlehne seines Rollstuhls hängt. Wer hinter ihm hergeht, kann das lesen. Seitdem ich Marius kenne, ist das so und seitdem finde ich das sehr gut. Denn wenn einem ein so junger Mann in einem Rollstuhl entgegenkommt, fragen sich die meisten Menschen vermutlich, welche Erkrankung wohl die Ursache dafür ist. Wer an Marius vorbeigegangen ist, bekommt die Antwort weiß auf schwarz präsentiert – es ist etwas, was man selbst nicht hat. Ja, so ist das. Und das darf durchaus Anlass dafür sein, sein eigenes Glück zu empfinden und gleichzeitig diesen Humor zu bewundern. Denn diese Art Humor drückt viel Lebensmut und Lebensfreude aus. Für dieses Buch wechseln wir in die Perspektive des jungen Mannes im Rollstuhl. Marius erzählt von seiner Erkrankung. Er gewährt uns Einblick in ein Leben, in sein Leben, das für nicht eingeschränkte Menschen eine eher unbekannte Welt ist. Die vielen Hindernisse, die sich für Marius auftun und ihn an der Teilhabe an einem Leben hindern, wie wir es kennen, haben wir häufig gar nicht vor Augen. Für uns ist so vieles so selbstverständlich. Neben den Hindernissen, die alle behinderten Menschen einschränken, ist die Duchenne Muskeldystrophie eine fortschreitende Erkrankung. Marius beschreibt all die kleinen und großen Verluste von Fähigkeiten, die sein Leben immer weiter von dem entfernen, was wir als normal bezeichnen. Seit Beginn meiner Berufsjahre habe ich mit „Duchenne-Jungs“ zu tun gehabt. Damals, auf einer Kinderintensivstation, lernte ich die meist Jugendlichen dann kennen, wenn sie die Fähigkeit verloren, selbstständig zu atmen. Das ist eine sehr tiefgreifende Veränderung, die neben den medizinischen Herausforderungen auch den Grad der Abhängigkeit weiter erhöht. Neben dem Angewiesen sein auf Menschen, die einen bei den alltäglichen Verrichtungen unterstützen, sind diese jungen Menschen plötzlich auch von einer Beatmungsmaschine abhängig. Das ist nicht nur auf den ersten Blick beängstigend, oder? All das sehen die Jugendlichen auf sich zukommen. Sie wissen Jahre im Voraus, was sie erwartet und wie die Erkrankung verlaufen wird. Dieses Wissen ist ein ständiger Begleiter, an dem man durchaus verzweifeln kann.

Das genaue Gegenteil beschreibt Marius in diesem Buch. Dieses Buch strotzt vor Lust am Leben und nimmt die Erkrankung als gegeben für ebendieses Leben hin. Marius schreibt zu Beginn, er sei in diese Erkrankung „einfach hineingewachsen“. Diese Form der Akzeptanz ist bewundernswert und Basis für den konstruktiven Umgang mit der Erkrankung. Natürlich hat auch Marius nicht nur gute Tage und hat mit seinem Schicksal gehadert. Aber er hat sein Leben in die Hand genommen. Er hat sich mit dem Für und Wider von Therapien und Operationen auseinandergesetzt und damit selbst mitentschieden, welchen Weg er geht. Im Alltag erlebe ich Marius manchmal grübelnd, stets hilfsbereit und freundlich und mit einem sehr guten, tiefgründigen Humor.

Dieses Buch wird nicht nur anderen „Duchenne-Jungs“ und ihren Familien ein guter Wegweiser und Ratgeber sein. Marius Leben gibt viel her, von dem auch gesunde Menschen profitieren können. Es macht mich sehr stolz und ich freue mich unglaublich, dass Marius den Schritt zu diesem Buch gewagt hat. Denn hier erzählt ein wahrer Meister des Lebens seine Geschichte.

Einrichtungsleitung
Kinder- und Jugendhospiz Balthasar *Roland Penz*